Henning Zweig | Brief an dich

AF176785

Henning Zweig

Brief an dich

Ein Experiment

DIE BIBLIOGRAFISCHE INFORMATION DER DEUTSCHEN BIBLIOTHEK

Die Deutsche Bibliothek verzeichnet diese Publikation in der
Deutschen Nationalbibliografie; detaillierte bibliografische Daten
sind im Internet über www.d-nb.de abrufbar.

Einbandabbildung: © frankoppermann, Fotolia
Herstellung und Verlag: BoD- Books on Demand, Norderstedt
© 2018 Henning Zweig
ISBN 978-3-7528-4936-3

Für meinen Vater,
mich
und meinen Sohn.

Und für alle,
denen das Leben
in besonderer Weise
Teilhabe
geschenkt hat.

Einleitung

Dieses Buch handelt von einem Lebensweg und einem Wunsch. Natürlich kann ein Buch nie die Gesamtheit eines Lebens beschreiben. Zu Anfang ging es mir auch gar nicht darum, ein Buch zu schreiben.

Ich begann damit, einen Brief zu verfassen. Wenn ich mich schriftlich an jemanden wende, habe ich ihn oder sie gewissermaßen »vor Augen«. In diesem Fall ist das anders.

Ein Experiment.

Es geht mir darum herauszufinden, ob es möglich ist, eine leere Fläche in meinem Leben zu füllen. Oder darum, das fehlende Mosaiksteinchen zu ergänzen. Oder darum, mein »Drehbuch« um ein Kapitel zu ergänzen. Keine dieser Metaphern trifft es ganz.

Es gibt diese spezielle »Fehlstelle«, die nicht nachlässt, meine Aufmerksamkeit zu fordern. Vielleicht empfindet ein Künstler so, der eine Idee von einem Gemälde hat, das aber erst sichtbar wird, wenn es ihm gelingt, es auf die Leinwand zu bringen.

Wieder eine Metapher.

Ich finde kein Bild, das vollständig passt. Das, was in mir nicht zur Ruhe kommt, fragt nach einer Form des Ausdrucks. Ob ich mit diesem Brief die richtige Form wähle, wird sich erst herausstellen, wenn ich es getan habe.

Mein Wunsch ist es, diese Stimme in mir ernst zu nehmen und ihr damit den angemessenen Platz zu geben, den sie offenbar braucht, um zur Ruhe zu kommen.

Kann es gelingen, in dieser Weise Ordnung herzustellen, um Raum für Neues zu schaffen?

Ich meine, einen Versuch ist es wert!

Kann es ein größeres Geschenk geben
als die Gewissheit,
vertrauen zu können?
Es ist immer ein Wagnis,
etwas zu beginnen,
dessen Ausgang keine Vorhersage zulässt.

*

»Jetzt und hier« – was bedeutet das? Für mich bedeutet es den Moment, in dem ich auf meiner Tastatur eine Taste drücke und auf dem Bildschirm ein Buchstabe erscheint. Die entstehende Buchstabenfolge ist für mich bereits Vergangenheit. Für jemanden, der sie liest, bildet sie Buchstabe für Buchstabe das *Jetzt und Hier*.

Ich schreibe dir *jetzt und hier*, ohne zu wissen, ob dich meine Zeilen je erreichen werden. Warum schreibe ich dir? Wer ist das »*du*«, an das ich mich wende?

Du bist der Mann, den es entweder noch gibt oder den es einmal gegeben hat. Du bist, biologisch gesehen, der *eine* Teil meiner Herkunft. Wir kennen einander nicht. Für mich gibt es keine Möglichkeit, mit dir persönlich in Verbindung zu treten. Was dich betrifft, gehe ich davon aus, dass du von meiner Existenz gar nichts weißt.

»Jetzt und hier«, hat das etwas mit Zeit zu tun? Oder vielleicht doch nicht? Nach meinem Verständnis umfasst der Begriff »Zeit« immer eine Spanne, ein »von ... bis«.

»Jetzt und hier« hat eine solche Ausdehnung nicht. Es gibt Menschen, die die Existenz von Zeit in Zweifel ziehen. Die Aussage »Die Zeit heilt alle Wunden« entspricht nicht meiner Erfahrung. Für mich ist die Zeit lediglich eine gesellschaftliche Konvention, auf die sich die Menschen geeinigt haben, um sie messen, einteilen, nutzen und somit kontrollieren zu können. Eine Illusion, wie ich meine.

Für mich hat die Zeit damit den gleichen Stellenwert wie Geld und Tod. Aus sich selbst heraus sind sie bedeutungs- und machtlos. Sie sind Dienstleister, die Aufträge benötigen, um Bedeu-

9

tung zu bekommen und in Handlung zu gehen. Für mich sind alle drei jedes Zweifels wert, wenn sie ohne Auftrag bleiben.

Mit diesem Brief an dich werde ich nun Aufträge vergeben.

Um dir von meinem Leben zu erzählen,
nehme ich die **Zeit** in Anspruch.
Geld wird die Aufgabe bekommen, diesen Brief
in Buchform zu bringen,
und der Auftrag des **Tod**es gilt dem Schweigen.

Wie soll ich beginnen? Mein *Jetzt und Hier* ist Bamberg, November 2017. Nach langer Vorbereitung hatte ich Anfang dieses Jahres meinen bisherigen Lebensmittelpunkt in Lüdenscheid aufgelöst, um nach Syrien zu gehen. Ich hatte mein Leben auf das reduziert, was ich am Leib trug und was mein Rucksack und die Packtaschen meines Fahrrades aufnehmen konnten. Ich startete also. In Syrien angekommen, wollte ich den Rest meines Lebens einsetzen, um Trümmer zu beseitigen und dabei zu helfen, dass Menschen die Rückkehr in ihre Heimat möglich würde.

Die Motive, die mich zu diesem drastischen Schritt bewogen, sind vielfältig und bilden ein eigenes Thema. An dieser Stelle möchte ich nur einen meiner Beweggründe nennen. Es war mein Wunsch, an den »Jakobsweg« anzuknüpfen, den ich 2010 von Lüdenscheid bis zum Atlantik gegangen war. Diese 2600 km, aus eigener Kraft zurückgelegt, bilden für mich eine der kostbarsten Erfahrungen meines Lebens. Ich wollte meinem Leben eine weitere Erfahrung dieser Art hinzufügen.

Doch es sollte anders kommen.

Menschen machen Pläne und versuchen sie umzusetzen. Und es gibt eine Instanz, deren Existenz für mich völlig unzweifelhaft ist, die ordnend eingreift, wenn die Pläne der persönlichen Entsprechung zuwider laufen. Es war gut für mich, aufzubrechen und Neues zu beginnen. Und es war ein Fehler, zu glauben, ich könne Ordnung im »Außen« für andere Menschen schaffen und dabei selbst im »Innen« in Unordnung zu sein. Und somit griff die höhere Instanz in ungewöhnlicher Weise in meine Pläne ein, um meinen Eifer abzukühlen und mich zum Innehalten zu bewegen. Zunächst war ich verwirrt, frustriert und ärgerlich, inzwischen aber stimme ich dem Verlauf zu.

Offenbar geht es für mich *jetzt und hier* einmal mehr darum, mich in mir selbst umzuschauen und das dort Begonnene fortzusetzen. Einen Keller, einen Dachstuhl, eine Garage oder Werkstatt kann ich aufräumen und ordnen. Dabei kann ich Feuereifer entwickeln und mit Freude bei der Sache sein. Die Ergebnisse, die ich dabei erziele, sind mir jede Anstrengung wert, denn die Struktur, die dabei entsteht, empfinde ich als wohltuend.

Bei der Arbeit in meinen »inneren« Räumlichkeiten verhält sich das anders. Hier sind physikalische Gesetzmäßigkeiten wenig anwendbar. Ich habe in meiner Lebenszeit schon viel aufgeräumt, »innen« wie »außen«, und bin froh über die Erfahrungen, die ich dabei gesammelt habe. Ich hoffe, sie werden mir auch diesmal hilfreich sein.

Die Möglichkeiten, die es gibt, Ordnung zu schaffen, sind vielfältig. Es gibt Menschen, die alles von einer Ecke in die andere schieben und dann verkünden: »Ich habe aufgeräumt.« Das ist nicht meine Herangehensweise. Ich bin mitunter durchaus schlampig und faul. Wenn ich mich aber einmal entschieden habe aufzuräumen, was lange dauern kann, bin ich sehr konsequent.

Dann bleibt kein Teil mehr an dem Platz, wo es war. Ich nehme alles in die Hand. Der Raum wird zunächst geleert, dann gesäubert und wenn nötig frisch gestrichen. Regale werden aufgestellt, und möglicherweise braucht es auch eine neue Beleuchtung. Nachdem dann die Dinge von Wert vom Müll getrennt sind, was zu einem langwierigen Prozess werden kann, werden auch sie geputzt, bevor sie ihren neuen Platz bekommen. Danach ist alles gut sichtbar und griffbereit. Erst dann bin ich der Meinung, aufgeräumt zu haben.

Jetzt und hier scheint es darum zu gehen, einen weiteren Raum meines *Inneren* zu ordnen. Diesen Raum neu zu gestalten wird aufwendig, denn alle anderen Räume meines Lebens-Gebäudes sind damit verknüpft.

Das ist der Raum, den du beanspruchst.

Dir diesen Brief schreiben zu wollen, ist das Ergebnis eines langen Weges. Ich hätte dieses Vorhaben sicherlich noch einige Zeit aufgeschoben, wenn meine Reise-Pläne, wie schon erwähnt, nicht korrigiert worden wären.

Erst vor Kurzem habe ich entschieden, dich

zu mögen; diese bewusste Entscheidung, meine Haltung dir gegenüber zu ändern, eröffnete mir erst die Möglichkeit, mich dir aktiv zuzuwenden.

Und diese Möglichkeit will ich nutzen.

Indem ich dir schreibe, betrete ich diesen Raum erstmals aus meinem Wunsch heraus. Zwar wusste ich um diesen Raum in mir, habe ihn aber bisher gemieden. Schließlich entbehre ich für dich den Inhalt des Begriffs »Sohn« ebenso wie du für mich den Inhalt des Begriffs »Vater«.

Ich möchte dich jetzt direkt ansprechen und dich damit aus der nebelhaften, rätselhaften und verschwiegenen Position holen, die dir zugeteilt und mir vermittelt wurde.

Ich bin nun schon länger als ein halbes Jahrhundert auf dieser Welt. Ich glaube, dass ich nur vorübergehend an diesem Ort bin, um Erfahrungen zu machen, die nur hier möglich sind. Im bisherigen Verlauf meines Lebens ist in mir die Überzeugung gewachsen, dass es sich bei meinem Lebensweg um ein Angebot handelt, dem ich zugestimmt habe, bevor ich an diesen Ort kam. Nach meiner Überzeugung bin ich Geschöpf und habe einen entsprechenden Ursprung. Da ich ein Mensch bin, habe ich auch einen biologisch-menschlichen Ursprung.

Hier kommst du ins Spiel.

Mit diesem Brief möchte ich dich wenigstens ein wenig *be-greifen*, aber auch befreien. Es ist nicht möglich, etwas loszulassen, das man nie in Händen hielt. Ob mir das Unterfangen mit diesem Mittel gelingt, weiß ich nicht. Ich habe kein anderes.

Es gab immer wieder den Wunsch in mir, diese seltsame Verbindung zu kappen, zu der mir der direkte Zugang verstellt ist, während du aber dennoch eine Präsenz in mir bist. Es ist mir bis heute nicht gelungen, diese einseitige Beziehung zu beenden. Vielleicht ist das nicht möglich. Vielleicht ist es auch nicht nötig.

Wir sind in Beziehung, weil du Raum in mir einnimmst. Meinerseits ist sie von Ambivalenz geprägt. Das Umfeld, in dem ich heranwuchs, hat versucht, dich zu »löschen«, ohne dass ich davon gewusst hätte. Seitdem ich von dir weiß, gibt es diese seltsame Verbindung, die sich einer Löschung beharrlich verweigert. Ich bin unzufrieden mit dieser Ambivalenz. Ich will meine Beziehung zu dir klären, soweit es mir allein möglich ist.

In der Vergangenheit habe ich häufig versucht, dir den Raum zu entziehen, den du belegst. Ich habe versucht, deine Präsenz zu ignorieren oder sie rauszuwerfen. Zu akzeptieren, dass du ein unlöschbarer Anteil von mir bist und deshalb immer einen Raum in mir beanspruchen wirst, hat lange gedauert. Ich will dir diesen Raum jetzt aktiv geben! Nicht weil du ohnehin dort bist und dich nicht vertreiben lässt, sondern weil ich meine Haltung bewusst verändern will. Ich will dich willkommen heißen und dir sagen, dass du bleiben darfst. Ich möchte diesen Raum nicht mehr meiden. Ich möchte eine Ordnung herstellen, in der du vorkommst, nähere mich dir als der Mensch, an dessen Leben du entscheidenden Anteil hast.

Schon während ich diese ersten Zeilen schreibe, bemerke ich, dass mich dieses Vorhaben etwas kosten wird. Im Innen aufzuräumen hat für mich immer bedeutet, mich berührbar zu machen. Schon oft habe ich diese Entscheidung getroffen, um die Ereignisse meiner Biografie verarbeiten zu können.

Mich dir bewusst zuzuwenden, geschieht allerdings jetzt zum ersten Mal. Offenbar ist es *jetzt und hier* richtig, das zu tun. Es gibt die große Sehnsucht in mir, von dir verstanden zu werden. Ich sehne mich nach deiner Zustimmung, was mein Sein betrifft.

Ich bemerke aber auch die Angst davor, dass mein Versuch womöglich zu nichts führen und das, was ich mir wünsche, unerreichbar bleiben könnte.

Ein Wort von Albert Einstein lautet:

> *Die Definition von Wahnsinn ist,*
> *immer wieder das Gleiche zu tun*
> *und andere Ergebnisse zu erwarten.*

Dann mache ich jetzt mal etwas anders!

*

Ich erzähle einfach mal drauflos …

Was nun folgt, kann vordergründig als Aneinanderreihung von Furchtbarkeiten verstanden werden. Ich sehe das nicht mehr so. Es sind schlicht einige Ereignisse und Inhalte meines Lebens.

Es sind die Ereignisse und Inhalte, für deren Erzählung ich gern *dein* Gegenüber hätte. Über Wanderurlaube auf den Canaren oder andere Aktivitäten und Interessen kann ich mit jedem Menschen plaudern. Darum soll es hier nicht gehen. Spezielle Erfahrungen sind es, die ich mit dir teilen möchte.

Diese Erfahrungen weder zu ignorieren noch zu bekämpfen, sondern sie zu integrieren und mir nutzbar zu machen, hat viel Zeit, Energie und Arbeit in Anspruch genommen. Damit sind sie Teil von mir geworden. Sie sind nun mein »Besitz« und haben mich zu dem Menschen geformt, der ich heute bin.

Auch wenn ich diesen Brief *an dich* richte, schreibe ich ihn doch *für mich* und *für meinen Sohn*. Für mich, um den mir möglichen Teil zu einer Ordnung beizutragen, und für meinen Sohn, um ihm die Möglichkeit zu geben, etwas von der Geschichte seines Vaters erfahren zu können, wenn er sich dazu entscheidet. Und *an dich*, um mich dir vorzustellen.

Ich musste gerade lachen, als ich die letzten Zeilen schrieb, denn damit mache ich dich, einen mir völlig unbekannten Menschen, mit einem Satz zu Vater und Opa! Vielleicht bist du ja sogar beides, in deinem realen, parallelen Leben.

Ich habe etwas Mühe, eine Anrede für dich zu finden. Deinen Vornamen kenne ich nicht. Die Anrede »Papa« zu gebrauchen ist merkwürdig. Merkwürdig deshalb, weil es niemanden in meinem Leben gab, der diesen Titel hätte füllen können. Mein Sohn nennt mich »Papa« und es ist mir eine Freude, von ihm so angesprochen zu werden, weil ich die Stimmigkeit darin fühlen kann. Es ist *richtig*, in einer Selbstverständlichkeit, die keine Worte braucht. Diese Stimmigkeit würde ich mir auch wünschen, was dich betrifft, doch dafür fehlt uns die gemeinsame Geschichte.

Deshalb ist es für mich schwierig, diese Anrede zu gebrauchen. Es ist nur ein Experiment, wenn ich dich in meinen Gedanken als »Papa« bewege. Ich würde dich damit gern auf eine vertrauere Ebene bringen und deine Unbegreifbarkeit verändern.

Wenn mein Sohn mich »Papa« nennt, empfinde ich eine natürliche Intimität, die einfach existiert. Mein Experiment besteht nun darin, etwas von dieser Intimität in deine Richtung zu transferieren, um herauszufinden, ob du für mich spürbarer wirst. Ich muss mir eingestehen, dass es eine Sehnsucht in mir gibt, dich fühlen zu können.

Das war nicht immer so, ganz im Gegenteil. Ich habe dich abgelehnt und verurteilt. Ich habe dich sogar zu hassen versucht! Das ist ebenso gescheitert wie der Versuch, dich zu lieben. Ich habe mich in die Fantasie verbissen, du seist ein »Arsch«, nur um die Trauer und den Schmerz deiner Abwesenheit und die Ungewissheit, wie du wohl zu mir stehst, aushalten zu können.

Die Wahrheit ist, dass ich dich vermisst habe. Ich vermisse dich immer noch. Es ist mir bewusst, dass sich dieses Vermissen nicht an den Mann richtet, den ich nicht kenne. Ich glaube nicht, dass man einen Unbekannten vermissen kann. Mein Vermissen gilt dem Papa, den ich mir gewünscht hätte. Manchmal habe ich den Eindruck, dass diese Fehlstelle in meinem Leben an Kontur und Bedeutung gewinnt, je mehr Lebensjahre ich sammle.

Dass du nicht weißt, dass es mich gibt, und dass die Wahrscheinlichkeit, dass du meine Worte jemals lesen wirst, gegen null tendiert, soll mich nicht abhalten, dir zu schreiben. Ich schreibe dir, weil es für mich die einzige Möglichkeit ist, meine Aufmerksamkeit aktiv auf dich zu richten. Ich glaube, dass etwas in Bewegung kommt, dass etwas geschieht, wenn Aufmerksamkeit gebündelt wird. *Was* dann geschieht, ist nicht immer klar, doch *dass* etwas geschieht, ist für mich unzweifelhaft.

Schreibend und konzentriert in Handlung zu sein, versetzt mich ins Jetzt und Hier und bietet den Auswüchsen des Kopfkinos eine andere Ausdrucksform an. Meine Hoffnung ist, dass der Versuch, mich dir verständlich zu machen, meine eigenen Gedanken und Gefühle zu ordnen vermag. Ich merke aber auch, wie schwierig es für mich ist, »ordentlich« zu erzählen.

Während ich schreibe, werde ich immer wieder von Erinnerungen und Emotionen überflutet, die mich aus der Chronologie meiner Erzählung herausspülen wollen. Es gibt so vieles, das ich dir berichten möchte, und es bekümmert mich, dass mir dazu nur die Eingleisigkeit eines Textes zu Verfügung steht. Ich würde das wechselseitige Miteinander eines Gespräches vorziehen.

Wenn ich dir mitteile, dass ich traurig bin, liegt darin keine Larmoyanz. Ich halte meine Traurigkeit für angemessen, denn keinen Papa zu haben, der vis-à-vis mit mir sprechen kann, ist des Trauerns wert.

Ich habe gelernt, dass die Traurigkeit, wenn ich ihr erlaube, mich zu erreichen, eine Weile bleibt und dann wieder geht. Sie kommt regelmäßig zu Besuch und findet inzwischen eine offene Tür bei mir. Seit ich sie nicht mehr ablehne, hat sie keine Veranlassung mehr, sich dauerhaft in mir einzurichten, um sich auf diesem Weg Gehör zu verschaffen. Diese Tatsache bestätigt mir eine Aussage von Werner Bock:

> *Was ist, darf sein.*
> *Und was sein darf,*
> *kann sich verändern.*

Dieser Sinnspruch hat mich irgendwann erreicht und begleitet mich seither. Es steckt viel Wahrheit darin und ich denke häufig darüber nach. Ich lese darin, dass es darum geht, die »Ist-Situation« anzuerkennen, sie nüchtern zu betrachten und weder zu werten noch ihren Inhalt in irgendeiner Weise zu manipulieren. Das Kinderbuch ›Drachen gibt's doch gar nicht‹ veranschaulicht die Botschaft des Spruches sehr gut, wie ich finde. Ich habe dieses Buch schon häufig verschenkt. Vielleicht kennst du es ja auch?

Dieses schön illustrierte Buch erzählt die Geschichte eines kleinen Jungen, der eines Morgens einen kleinen Drachen am Fußende seines Bettes sitzen sieht. Freudig aufgeregt erzählt er seinen Eltern davon und hört von ihnen: »Drachen gibt's doch gar nicht!« Er glaubt seinen Eltern und ignoriert den kleinen Drachen. Um es abzukürzen: Der kleine Drache versucht durch vielerlei Aktivitäten von den Eltern »gesehen« zu werden und wächst beharrlich bei jedem »Drachen gibt's doch gar nicht!«. Erst als der Drache eine solch enorme Größe angenommen hat, die das Haus der Familie auseinanderfallen lässt, sind die Eltern gezwungen, ihn wahrzunehmen. Und prompt schrumpft er auf die Größe zurück, die er am ersten Tag hatte.

Für mich schlägt diese Geschichte eine Brücke zu all meinen Lebensinhalten, die ich nicht wahrhaben will, um sie nicht anschauen und akzeptieren zu müssen. Sie wachsen so lange, bis eine Leugnung unmöglich wird. Schade um die schöne Lebensenergie, die die Leugnung bis dahin verschlungen hat!

*

Da es den Papa, der mich aus seinem Inneren heraus versteht, nicht gab, lege ich gedanklich die Eigenschaften, die ich mir gewünscht hätte, in dich. Ich will glauben, dass ich bei dir Trost und Ermutigung hätte finden können und dass du mich dabei unterstützt hättest, meinen Weg in der Welt zu finden. Geduld und Wohlwollen lege ich ebenso in dich wie Aufrichtigkeit und Authentizität. Damit erschaffe ich mir ein Wunschbild von dir, an dem ich mich selbst orientiere.

Der Mann, der die Vater-Rolle für mich übernahm, glaubte sicherlich, auch Papa für mich sein zu können. Doch die Wesensfremdheit, die wir, wie ich glaube, beide spürten, war zu groß. Ich denke, dass diese Fremdheit und der Versuch, meine Herkunft zu leugnen, das Wachsen eines warmen Vertrauens verhindert haben. Heute weiß ich, dass mir dieser Mann nichts vorsätzlich verweigert hat, sondern dass er schlicht nicht in der Lage war, dich zu ersetzen.

Ich erzähle dir noch, wie auch ich in die Situation kam, plötzlich an Vaters statt zu stehen, und glaubte, jedes Kind so versorgen und lieben zu können wie mein eigenes. Damit schenkte mir das Leben selbst ein gewisses Verständnis für meinen Stiefvater. Ich musste meine Meinung revidieren, denn mit dem Erscheinen deines Enkels änderten sich mein Leben und meine Haltung ganz erheblich. Mein Sohn machte mir überdeutlich, wie falsch ich mit meiner Annahme lag, die Gefühle, die ich für ihn empfand, auf ein anderes Kind übertragen zu können. Seither bin ich aufmerksamer, wenn ich Überzeugungen in mir begegne, die noch nicht mit Leben gefüllt sind.

Ich übe mich darin, meinem Sohn ein Papa zu sein, wie ich mir gewünscht hätte, es von dir zu erfahren. Ich versuche meine Sehnsucht nach dir aus der Fiktion zu heben und meinem Sohn gegenüber in Handlung zu bringen.

Manches habe ich bei anderen Männern abgeschaut, die sich wenigstens in der Nähe der Bedeutung »Papa« aufhielten, und habe so versucht, von ihnen zu lernen. In dieser Weise habe ich dein fehlendes direktes Beispiel ein Stück weit kompensiert. Erstaunlich viel ist auf diesem Weg gelungen. Ich glaube, dass der Grundstock für dieses Gelingen in dir liegt. Auch wenn ich dich mit dieser Unterstellung ein wenig glorifiziere, halte ich daran fest, dass du mir manches unwissentlich und unabsichtlich mitgegeben hast.

Was meinen Glauben in dieser Hinsicht nährt, sind Ähnlichkeiten, Resonanzräume und Wesenszüge, die ich parallel in meinem Sohn und in mir selbst erkenne. Empfindsamkeit, Empathie, Kreativität und Engagement gehören ebenso dazu wie die enorme Lebensenergie und eine mächtige Rebellion gegen Ungerechtigkeit. Diese Parallelen sind unübersehbar, und daher ist es für mich nur schlüssig, diese Eigenschaften auch bei dir zu vermuten. Es ist mir eine Freude, diese Linie, die mein Sohn sichtbar gemacht hat, zu dir ziehen zu können.

Ja, mein Sohn ist es, der dich für mich immer wieder sichtbar macht. Er ist sich dessen natürlich nicht bewusst, er kennt ja glücklicherweise seinen Papa. Den Umweg, sich seinen Papa vorstellen zu müssen, braucht er nicht und darüber bin ich sehr froh. Ich habe den Eindruck, dass er eine natürliche Bestätigung empfindet, wenn ihm Vertrautheit und Resonanz in unserem Miteinander begegnen. Es ist diese besondere Verbundenheit, die in einer Selbstverständlichkeit besteht und die sich weder mit Worten beschreiben noch übertragen lässt. Sie ist für uns beide wahrnehmbar, wenn auch in verschiedenen Bewusstseinsstadien.

Letztlich ist es mein Sohn, der dich mir näher gebracht hat.

Ich bin sehr stolz auf meinen Sohn und glücklich, dass es ihn gibt! Mein großer Wunsch ist es, ihn auf seinem Weg zu unterstützen. Dass er mir vertraut und mich an seinem Leben teilhaben lässt, indem er von sich erzählt, ist für mich nicht selbstverständlich und daher sehr kostbar.

Für mich ist es eine große Herausforderung, so viel Nähe zu ihm zuzulassen, dass Vertrauen möglich ist, und doch so viel Distanz zu wahren, dass ich nicht ungehörig in sein Leben eingreife. Für mich ist Nähe eine große Schwierigkeit und wird aufgrund meiner Biografie immer eine Herausforderung bleiben.

Mein Wunsch ist es, mit meinem Sohn zu teilen, oder besser, ihm etwas mitzuteilen. Eine Lehre meines Lebens ist, dass ich ausschließlich das teilen kann, was ich er-lebt habe. Es ist meine Überzeugung, dass nur die Erfahrungen, die ich selbst gemacht habe, mein Vermögen bilden. Theoretisches Wissen hat nicht dieselbe Kraft.

Diesen »erlebten« Besitz möchte ich teilen.

Mit meinem Sohn, mit dir, oder mit anderen Menschen, zu denen ich eine Verbundenheit wahrnehme. Und zwar nicht mit dem Anspruch einer Anleitung, sondern als Ergänzung, als Möglichkeit zum Vergleich mit eigenen oder anderen Erfahrungen, um in dieser Weise eine Horizonterweiterung und damit neues Entstehen zu fördern.

Für mich ist es immer wieder ein wunderbares Ereignis, wenn Menschen ihren Besitz in diesem Sinne teilen und dann erfahren, wie viel Bereicherung, Erfrischung und Kreativität daraus erwachsen kann. *So* möchte ich mit Menschen teilen, die mir wichtig sind, und auch an ihnen teilhaben.

Um Erfahrungen zu teilen, braucht es allerdings auch Ehrlichkeit und Aufrichtigkeit. Fehler machen einen großen Teil meiner Erfahrungen aus. Tatsachen nüchtern zu erkennen und zu integrieren, anstatt sie hübsch zu verpacken und damit vermeintlich annehmbarer zu machen, kostet etwas. Der angenehme Selbstbetrug muss bei einem solchen Vorhaben auf der Strecke bleiben. Meine Defizite zu kennen und zu ihnen zu stehen, ist für mich die Basis für Aufrichtigkeit und die eigentliche Definition von Selbstbewusstsein.

Ich schreibe dir in diesem Sinne und begebe mich damit in den Spannungsbogen zwischen Mut und Verzagen. Das ist der Preis der Aufrichtigkeit.

Es ist mir ein großes Anliegen, meinem Sohn keine Mogelpackungen zu überreichen, soweit ich dies bewusst steuern kann. Gute Ratschläge und vermeintliche Weisheiten sind nur bunte Schachteln ohne Inhalt, wenn sie keine eigene Erfahrung enthalten.

Meinem Sohn gegenüber habe ich von Beginn an versucht, ehrlich zu sein, soweit ich es als Erwachsener vertreten konnte, d. h. ohne ihm als Kind zu viel zuzumuten. Keinesfalls wollte ich zulassen, dass er die Auswirkungen von Unaufrichtigkeit von mir lernen muss. Geprägt von meiner eigenen Geschichte, habe ich an der Stelle sicherlich häufig überreagiert. Ich hatte zeitweise Zweifel, ob ich richtig handle, denn es wurde mir vorgehalten, allzu erwachsen mit ihm zu sprechen.

Ich bringe es nicht übers Herz, meinen Sohn anzulügen. Aber auch anderen Menschen gegenüber fällt es mir sehr schwer, eine Lüge zu gebrauchen. Vor dem Hintergrund meiner Biografie habe ich ein feines Empfinden für Unstimmigkeiten entwickelt. Wenn ich lüge, habe ich augenblicklich mit Auswirkungen zu tun, die ich körperlich wahrnehme.

Ich spüre es auch sofort, wenn mein Gegenüber die Wahrheit verträglicher zu machen versucht oder mir Inhalte vorenthält, die einen klaren Blick auf die Realität ermöglichen würden.

Ich fühle mich augenblicklich unwohl in solcher Gesellschaft und lehne es daher ab, ebenso zu handeln. Auch edle Motive verändern den Charakter der Lüge nicht.

Die Wahrnehmung meines Sohnes ist ähnlich fein gewoben wie die meine. Mein Wunsch ist es, dass er die Lüge nicht von mir lernen muss. Ich möchte ihm vielmehr beistehen, wenn das Leben selbst ihn mit der Tatsache konfrontiert, dass derjenige, der die Dinge beim Namen nennt, nicht selten auf erbitterten Widerstand stößt. Die Geschichtsbücher berichten von vielen Menschen, die von ihren Zeitgenossen getötet wurden, weil sie die Wahrheit sagten. Galileo Galilei ist für mich ein denkwürdiges Beispiel dafür.

Auch diese Ähnlichkeit in der Empfindsamkeit, die ich mit meinem Sohn teile, vermute ich in dir. Ich unterstelle dir, dass du mich nicht hättest ins Messer laufen lassen, was Wahrheit betrifft, sondern dass du mich mit kraftvoller Sanftmut und Ernsthaftigkeit an sie herangeführt hättest. Die Wahrheit kann schmerzhaft sein und ich will glauben, dass du mir diesen Schmerz nicht erspart, sondern mich darin unterstützt hättest, ihn durchzustehen. Ganz anders habe ich es erlebt.

Es ist mir ein unbeschreibliches Geschenk, dass mein Sohn mir in einem unserer Gespräche sagte: »Papa, verstehe mich bitte nicht falsch, aber ich bin so froh, dass du krank bist. Durch diesen Umstand, den ich dir nie wünschte, und durch deine Art damit umzugehen, habe ich so viel für mein eigenes Leben gelernt!« Es berührt mich jedes Mal tief, wenn ich an dieses Gespräch erinnert werde. Die schwere alte Sorge, dass ich meinen Sohn mit meiner Aufrichtigkeit belaste, hat damit einiges an Gewicht verloren.

Dein Enkel ist heute zweiundzwanzig Jahre alt und ich bin ihm dreißig Jahre voraus. Er ist jetzt ein junger Mann, ein echtes Gegenüber! Die Verwandtschaft, die er zwischen uns sichtbar macht, ermöglicht es mir, eine Brücke zu dir zu schlagen.

Vor diesem Hintergrund unternehme ich das Experiment dieses Briefes.

*

Schreiben. Diese Ausdrucksform gehört irgendwie zu mir. Der Impuls, es zu tun, ist beständig. Er ist mal mehr, mal weniger stark, aber seit jeher ein treuer Begleiter auf meinem Weg. Ich stelle mir gern vor, dass du vielleicht auch schreibst. Es gibt ein Foto von mir, auf dem man mich an einem Tisch, ganz nahe am Meer, sitzen und schreiben sieht. So würde ich dich gerne finden, mich zu dir setzen und warten, ob du mir etwas von dem, was du zu Papier bringst, anvertraust. Schreiben ist mir sowohl Lust als auch Last, je nachdem, was sich gerade in meinem Leben ereignet. Häufig sind es Gedichte, in denen ich versuche meine Gefühle zu artikulieren. Es ist immer der Versuch, das häufige Chaos meiner Emotionen in eine Form zu bringen oder zu zwingen.

Als ich 2006 mein erstes Buch, ›Haus 5‹, schrieb, ging es ums Zwingen. Ich wollte etwas abschließen, wollte die belastenden Inhalte aus mir herausschreiben, um sie zwischen zwei Buchdeckel zu sperren, und sie dann »ordentlich« im Bücherregal ablegen. Das ist nicht gelungen. Die Ereignisse meines Lebens lassen sich nicht einsperren und auf diese Weise deaktivieren, das weiß ich heute. Ganz im Gegenteil fordern sie immer wieder meine Aufmerksamkeit. Lange Zeit war das für mich nichts weiter als Provokation und ich kämpfte dagegen an.

Heute gebrauche ich metaphorisch das Bild des Gartens, wenn ich auf mein Leben schaue. Ein Garten braucht kontinuierliche Aufmerksamkeit und Handlung, um ein Garten zu bleiben und nicht in Wildnis überzugehen.

Es war ein wichtiger Zwischenschritt, ›Haus 5‹ zu schreiben. Damit habe ich meine Beschämung abgelegt, indem ich mir selbst klargemacht habe, dass nicht ich es bin, der sich schämen muss. Ich habe damit das in Stein gemeißelte Familiengesetz »Was in unserer Familie geschieht, geht niemanden etwas an ...« zertrümmert und mich scharf von dieser Haltung meiner Ursprungsfamilie abgewandt. Seither geht es mir deutlich besser. Ich habe meinen eigenen Garten eingerichtet und ihn mit einem Zaun versehen. Seitdem ist meine eigene Grenze definiert und sichtbar.

Ein Sinnspruch sagt, dass Heimat nicht zwingend dort ist, wo man geboren wird. Die Erkenntnis, dass ich so etwas wie Heimat nur in mir selbst finden kann, ist noch jung. Ich habe mich immer wieder und über lange Zeiträume in fremden »Gärten« aufgehalten und versucht, mich dort anzusiedeln. Mir darüber bewusst zu werden, dass ich einen eigenen Garten besitze, war ein langer Prozess. Als mein eigener Garten dann sichtbar wurde, wollte ich ihn nicht haben, denn ich konnte nichts anderes als Trümmer und Chaos erkennen. Ich wollte zurück in die fremden Gärten. Alles schien attraktiver dort, geordneter, einfacher.

Meinen Garten anzunehmen und zu akzeptieren, dass es keinen anderen für mich gibt, war für mich ein langer, schwieriger Prozess. Dass ich dir heute von dort aus schreiben kann und mich in ihm sogar wohl fühle, ist für mich ein großer persönlicher Erfolg.

*

Die Informationen, die ich über meine Entstehung habe, sind gleichermaßen spärlich wie nebulös. Ihr, also du und meine Mutter, wart zu diesem Zeitpunkt beide in der Schweiz. Meine Mutter arbeitete in einem Privathaushalt in Zürich, während du irgendwo im gastronomischen Bereich deinen Lebensunterhalt verdientest. Diese Einzelheiten scheinen gesichert. Meine Mutter war dort, um ein Hauswirtschaftsjahr zu absolvieren, und war noch keine achtzehn Jahre alt. Zu dieser Zeit, also 1964/65, war das noch eher ungewöhnlich.

Zu den wenigen Informationen, die ich von meiner Mutter habe, gehört, dass sie große Schwierigkeiten mit ihrem Stiefvater hatte. Ja, auch sie hatte einen Stiefvater und hat ihren leiblichen Vater nie kennen gelernt. Das Gleiche gilt übrigens auch für meine Oma. Eine merkwürdige Familien-Linie, findest du nicht auch? Hinsichtlich der damaligen familiären Probleme halte ich es für möglich, dass meine Mutter von ihrem Stiefvater in diesen Auslandsaufenthalt geschickt wurde.

In welcher Beziehung du nun zu meiner Mutter gestanden hast, ist bereits unklar. Kanntest du sie schon länger? War sie deine Freundin? Oder war sie nur eine Gelegenheit für dich? Meine Mutter schweigt.

Sie erzählte mir folgende Geschichte: Meine

34

Zeugung sei unter Alkoholeinfluss auf der Abschiedsparty, die ihren Auslandsaufenthalt beschließen sollte, »passiert«. Sie sei damals noch nicht aufgeklärt gewesen und deshalb unbedarft und unwissentlich schwanger geworden und dann nach Hause zurückgekehrt.

So schilderte sie meine Entstehung.

Da sich ihre Schwangerschaft nicht verbergen ließ, brach die Realität über sie herein. Das bedeutete unter anderem eine massive Ablehnung ihres Stiefvaters gegenüber ihr und dem »Bastard«, der da in ihr heranwuchs. Er war nicht bereit, für den Unterhalt meiner Mutter und mich zu bezahlen. Deshalb wurde das Gesundheitsamt aktiviert, damals noch zuständig für unklare Herkunfts-Angelegenheiten, um meinen Erzeuger ausfindig zu machen.

Meine Mutter schwieg. Zwar gab sie namentlich einen Mann an, mit dem sie angeblich eine Beziehung hatte, bestand allerdings auch dann noch hartnäckig auf dessen Vaterschaft, als dieser arme Mensch mittels Test vom Gesundheitsamt als Erzeuger ausgeschlossen wurde.

Und so weiß ich so gut wie nichts über dich! Selbst deine Nationalität sei ihr, so sagte meine Mutter einmal, unklar. Sie glaube, du seiest Koch gewesen, ein Saisonier. Schon damals war es in der Schweiz üblich, Gastarbeiter saisonweise zu beschäftigen, ohne dass sie dauerhaftes Bleiberecht erhielten. Somit könntest du also sowohl Schweizer als auch Deutscher, Österreicher oder Italiener sein. Meine Mutter schweigt bis heute.

Ich muss gestehen, dass es mir nie vollständig gelungen ist, dieser Geschichte Glauben zu schenken. Ich habe es versucht, ernsthaft. Doch mein Gefühl, dass daran etwas nicht stimmt, will nicht weichen. Mir scheint, dass sie so etwas wie einen Schwur geleistet hat, der ihr Leben schwer belastet. Heute ist es nicht mehr Vorwurf oder Groll, was ich meiner Mutter gegenüber hege, sondern Mitgefühl.

Damals war das durchaus anders. Nachdem sie mir meine Herkunft offenbart hatte, war ich zunächst verstört. Es war mein achtzehnter Geburtstag. Meine Mutter war alkoholisiert und völlig aufgelöst. Offenbar hatte sie die Entscheidung getroffen, mit diesem »Geständnis« bis zu meiner Volljährigkeit zu warten. Sie hatte dieses Familiengeheimnis beinahe zwei Jahrzehnte mit sich herumgeschleppt und erfüllte jetzt offenbar ein Gelöbnis. Da sich meine Mutter in diesem Moment in einem desolaten Zustand befand, versuchte ich sie zunächst zu trösten. Ich war schockiert und brauchte erst einmal Zeit, um diese Information überhaupt ankommen zu lassen.

In der Folgezeit forderten Enttäuschung, Wut, Trauer und Zorn ihren Raum. Ich fühlte mich betrogen! Wiederholt suchte ich das Gespräch und stellte Fragen. Ich wollte meine Mutter dazu bringen, mir die ganze Wahrheit zu sagen, da ich überzeugt war, dass sie mir etwas verschwieg. Ich wollte sie bewegen, mit mir zu sprechen und das Schweigen zu beenden. Sie entschied sich dagegen. Mehr noch, sie warf mir vor, sie in die Gosse zu werfen, allein deshalb, weil ich solche Fragen stellte. Abseits meines emotionalen Aufruhrs spürte ich aber auch eine gewisse Erleichterung. Erstmals konnte ich mein Empfinden der Fremdheit und des »Falschseins«, das ich von jeher wahrnahm, aber nicht benennen konnte, zuordnen.

Ich war hinsichtlich ihrer Haltung mir gegenüber verzweifelt. Was ich empfand, war Ohnmacht, weil ich ihrem Schweigen ausgeliefert war. Hilfloser Zorn breitete sich in mir aus. Heute ist es unzweifelhaft und gesellschaftlich anerkannt, dass jeder Mensch ein Recht hat, um seine Herkunft zu wissen. Ob ein Mensch dieses Recht allerdings auch bekommt, liegt damals wie heute in der Entscheidung der Beteiligten.

Ein Recht zu haben, nicht aber die Möglichkeit, es zu bekommen, ist bitter. Ein ähnliches Recht leite ich aus der Aussage »Die Würde des Menschen ist unantastbar!« ab. Diese Aussage halte ich für falsch! Es ist schön, wenn die Würde eines Menschen unangetastet bleibt – dass sie aber unantastbar ist, stimmt nicht. Diese Erfahrung habe ich gemacht.

Es scheint ein Wesenszug der Wahrheit zu sein, dass sie sich nicht dauerhaft leugnen lässt. Die Wahrheit totzuschweigen, war das Motiv meiner gesamten Ursprungsfamilie. Ein Famili-en-erbe, mit dem ich noch häufiger zu tun bekommen sollte.

Meine Herkunft, also du, solltest totgeschwiegen werden. Ich bin froh, dass es letztlich nicht gelang, bedauere aber den langen Zeitraum, den ich in Unwissenheit gehalten wurde.

Heute ist es Stand der Wissenschaft, dass ein Kind pränatale Erfahrungen macht. Meine Mutter konnte mich nicht willkommen heißen, da sie selbst nicht willkommen war. In ihr wuchs etwas heran, das ihr ohnehin schwieriges Leben noch zusätzlich belastete. Sie selbst lebte in einem Klima von Angst, Fremdheit und Ablehnung und musste sich darin einrichten. Selbstverständlich habe ich keine direkten Erinnerungen an diese Zeit. Diese setzen erst viel später ein. Allerdings sind tiefe Prägungen in mir entstanden, die nicht rückgängig zu machen sind.

Mein biologischer Vater, also du, war trotz aller Bemühungen nicht zu finden. Es wurde darüber nachgedacht, mich in ein Kinderheim zu geben. Letztlich durfte ich bleiben, denn dass ich ein Junge wurde, hat mir offenbar ein wenig Gunst bei meinem Opa und deshalb eine gewisse Lebensberechtigung eingebracht.

Die Stellungnahme meines Opas war, den »Bastard« zu dulden, wenn meine Mutter vollständig für dessen Unterhalt aufkäme. Sie und ich hatten dankbar dafür zu sein, nicht aus der Familie ausgestoßen zu werden. Dazu gehörte auch, »lieb«, »leise« und »fügsam« zu sein und keine Forderungen zu stellen. Dies habe ich wohl instinktiv verstanden.

Auch die Ambivalenz meiner Mutter habe ich wohl gespürt. Sie, selbst noch ein Kind und ebenfalls nur geduldet, hatte nun ihrerseits ein Kind und war für dessen Überleben verantwortlich. Das muss sie völlig überfordert haben. Ich entwickelte ein verzweifelt symbiotisches Verhältnis zu ihr. Sie war mein einziger Halt in einer unsicheren Welt.

Meine Mutter musste also arbeiten. Immer wenn sie wegging, glaubte ich sterben zu müssen. Ich behaupte, dass ich den Schmerz und eine existenzielle Angst erinnere, auch wenn ich nicht weiß, ob das möglich ist. Damals habe ich diese Empfindungen irgendwie kindlich kompensiert. Etwas verhärtete in mir und bildete eine Schutzschicht. Damit verlor das Weggehen meiner Mutter die Lebensbedrohlichkeit, ihre Rückkehr verlor allerdings auch die Freude.

Jede meiner zukünftigen Partnerinnen sollte diese Verhärtung in mir kennen lernen. Nähe zuzulassen ist für mich noch immer mühsame

Arbeit, da ich mich für mein Seelenverständnis damit vorsätzlich in höchste Gefahr begebe.

Zurückschauend ist diese Erfahrung die erste Bestätigung meiner heutigen Überzeugung. Meine Mutter konnte mir nichts schenken, das sie selbst nicht besaß. Urvertrauen, Sicherheit und Bindungsfähigkeit gehörten einfach nicht zu ihrem Vermögen, da sie dieses Fundaments selbst entbehrte. Auch ich halte mich, in einem »gesunden« Sinne, nicht für bindungsfähig.

Noch heute habe ich in bestimmten Situationen große irrationale Angst »rauszufliegen«. Diese Angst wird augenblicklich aktiv, wenn ich eigene Entscheidungen treffe und umsetze, ohne um Erlaubnis zu fragen. Sie wird laut, wenn ich es wage, anderer Meinung zu sein, und wenn ich mich traue, mich selbst zu leben. Geringster Widerstand kann dann ausreichen, um meine Entscheidungen zutiefst anzuzweifeln und die Reibung, die Leben nun mal verursacht, als bedrohliche Ablehnung mit schwersten Konsequenzen zu deuten. *Wenn ich »ich« bin, darf ich nicht bleiben* ist die unausgesprochene Botschaft, die sich tief in mir eingeprägt hat. Sie ist sehr dauerhaft und hartnäckig. Diese Prägung auf meiner Lebens-Münze ist zwar durch beharrliches Schleifen flacher geworden, doch noch immer deutlich sichtbar und wirksam.

Die Förderung meiner Entwicklung und die

Stärkung meines Selbst durch meine Herkunfts-
familie waren in meinem Lebens-Drehbuch nicht
vorgesehen. Inzwischen habe ich große Teile dieses Drehbuches umgeschrieben und glaube, dass
ein Großteil des Potenzials, welches dazu nötig
ist, von dir stammt, da ich Ähnliches nirgendwo
in meiner Familie finde.

Meine bewusste Erinnerung setzt ein, als mein
Halbbruder dazukam. Da war ich vier Jahre alt.
Das Erscheinen meines Stiefvaters erinnere ich
als eigenes Ereignis nicht. Er war eben da und irgendwann nannte ich ihn »Papa«, denn das war
das abgesprochene Konstrukt meiner Herkunfts-
familie und wurde mir entsprechend vermittelt.

Da ich nicht zu leugnen war, musste mein Ursprung passend gelogen werden, um die mühsam
errichtete Fassade der »heilen Familie« nicht zu
gefährden. Seit ich mich erinnern kann, begleitete mich eine seltsame Ahnung, dass etwas nicht
stimmte. Natürlich hatte ich keine Möglichkeit,
dies zu verstehen oder gar auszudrücken.

Das Verhältnis meines Halbbruders zu meinem Stiefvater nährte dieses Empfinden der Un-
stimmigkeit. Sie besaßen etwas Selbstverständli-
ches, das sich meinem Verständnis entzog, eine
Verbindung miteinander, die mir nicht erreichbar
war. Da es aber keine Erklärung dafür gab, hielt
ich mich für falsch. Hätte ich damals von dir gewusst, wäre es mir möglich gewesen, das in mir

wachsende Gefühl der Fremdheit zu erklären.

Auch meiner Mutter muss ich wenigstens zur Hälfte fremd gewesen sein, wenn ihre Schilderung meiner Entstehung Wahrheit enthält. Demnach konnte sie dich ja auch nicht wirklich kennen gelernt haben. Sie musste also zwangsläufig Dinge in mir entdecken, die sie sich selbst nicht zuschreiben konnte. So passten deine Anteile in mir weder zu meinem Stiefvater noch zu ihr.

Dein genetisches Erbe ist stark und drückt sich sowohl in meiner äußeren Erscheinung als auch in meinem Wesen und dem meines Sohnes aus.

Hätte es dich für mich gegeben, wenn auch nur als Information, hätten meine immer wieder scheiternden Versuche, dem Mann zu gefallen, der mir als »Papa« beigebracht wurde, mich nicht so tief in Selbstzweifel und Verunsicherung gestürzt. So aber wurde die Lüge kultiviert.

Für mich ist es Lüge, die Wahrheit vorsätzlich verändern zu wollen, auch wenn der Belogene keine Chance hat, die Wahrheit zu erfahren. Misstrauen ist eine Pflanze in meinem Lebens-Garten, die bis heute prächtig gedeiht. Im Verlauf meiner Gartenarbeit ist mir allerdings eine Kreuzung gelungen. Darauf bin ich ein wenig stolz. Ich kreuzte Misstrauen mit Achtsamkeit – und es gelang. Aus dieser Kreuzung entstand die Wachsamkeit.

*

Die liebe Familie …

Meine Beziehung zu meinem *Stiefvater* war in mancherlei Hinsicht speziell. Angst, Scheu und Fremdheit bilden den überwiegenden Teil meiner emotionalen Erinnerungen an ihn. Er war ein cholerischer Mensch, was mich sehr einschüchterte. Seine Mutter starb relativ früh. Sein Vater heiratete erneut und es kamen zwei Halbgeschwister hinzu. Ich habe nie etwas von einem herzlichen Verhältnis wahrgenommen, wenn wir bei seiner Familie zu Besuch waren.

Von seinem Vater erfuhr er häusliche Gewalt und Misshandlung. Er war einer der letzten Hammerschmiede, die die Schmiedearbeit tatsächlich noch per Hand ausführten. Dem entsprechend stand seinem Vater eine enorme Körperkraft zur Verfügung, die er nicht allein für sein Handwerk gebrauchte, sondern auch familiär anwandte.

Mein Stiefvater erlernte körperliche Gewalt als Mittel der Selbstdarstellung und Machtergreifung. In Diskussionen und verbalen Auseinandersetzungen war er hilflos, was er mit persönlicher Schwäche gleichsetzte. Er versuchte seine Defizite in sozialer Kompetenz durch Lautstärke und Drohgebärden zu kompensieren und signalisierte Gewaltbereitschaft, wenn er überfordert war.

Die Männer seiner Familie hatten den Ruf

von Schlägern, was er nicht ohne Stolz immer wieder erzählte. Wie konnte es also anders sein, als dass ich ihm in meiner Natur zutiefst fremd war? Meine Natur ist eher sanft, einfühlsam und friedliebend. Ich habe eine tiefe Abneigung gegen Gewalt, die sicherlich einerseits in den destruktiven Erlebnissen meines Heranwachsens begründet ist, andererseits aber wohl auch in der genetischen Abstammung von dir, da ich solche Wesenszüge auch in meinem Sohn erkenne.

Mein Stiefvater versuchte mich Gewalt zu lehren. Er wollte mir geben, was er besaß und für gut und richtig hielt. Er gab mir, was er selbst gelernt, aber nie hinterfragt hatte. Ich sollte lernen, mich zu behaupten, indem ich zuschlug, denn ich war ein schüchternes Kind. Heute glaube ich, dass er mir in meiner Angst vor handgreiflichen Schulkameraden und Spielgefährten helfen wollte, indem er mich zum Schlagen ermunterte.

An Körperkraft fehlte es mir nie, doch dass ich sie nicht nutzte, um mir »Respekt« zu verschaffen, verstand mein Stiefvater nicht. Er gab sich gern selbst als Boxsack her, um mich bei den Gästen unserer Familienfeiern vorzuführen und meine Stärke zu demonstrieren. Ich glaube, er wollte etwas in mir zum Vorschein bringen, auf das er stolz sein konnte.

Ich will aber auch nicht verschweigen, dass ich von ihm lernte, meine Hände zu gebrauchen, was mir im weiteren Leben nützlich wurde. Auch wenn es ihm an Feinmotorik mangelte, war er Pragmatiker und fand Lösungen für handwerkliche Herausforderungen. Er gab mir, was er hatte. Mehr ist von niemandem zu erwarten. Dafür hat er meine Achtung.

Mein Stiefvater war von der Zugeneigtheit und vom Wohlwollen meiner Mutter abhängig. Diese Aussage kann ich heute, aus der dafür notwendigen Distanz, in der Rückschau machen. In der distanzierten Ansicht ist mir irgendwann klar geworden, dass mein Stiefvater zwar immer seine Dominanz in der Familie zur Schau stellte, letztlich aber für alles die Erlaubnis seiner Frau einholte. Er war entweder nicht willens oder nicht fähig, eigene Entscheidungen zu treffen. Es war wohl Scheu, wenn nicht gar Angst, die ihn Auseinandersetzungen mit meiner Mutter ausweichen ließ.

Der Ausdruck von Abhängigkeit fand seinen Höhepunkt, als meine Mutter einen Kuraufenthalt bewilligt bekam. Nur wenige Tage nach ihrer Abreise brach mein Stiefvater vollständig zusammen. Ich war bereits volljährig und kam eines Abends von meiner Ausbildungsstelle nach Hause. Er saß im Wohnzimmer auf dem Sofa, war stark alkoholisiert und heulte hemmungslos.

Erschrocken über seinen Zustand, fragte ich ihn, was geschehen sei. Daraufhin schüttete er lallend sein gesamtes Elend über mir aus. Für mich war das ein irritierendes und abstoßendes Erlebnis. Kurz darauf besuchte er meine Mutter in ihrer Kur. Nach seiner Rückkehr nahm er mich beiseite und verkündete stolz, wie oft er während seines Besuches Sex mit ihr gehabt hatte. Ich wünschte, er hätte mir diese Form von Vertraulichkeit erspart.

Erst als ich in Klinikaufenthalten Menschen kennen lernte, die unter krankhafter Eifersucht litten, verstand ich das Ausmaß der Not, welches dieses Erleben hervorrufen kann. Aus ihren Berichten lernte ich, dass ihre Verhaltensweisen von einer tiefen, unüberwindlichen Verlustangst herrührten.

Mein Stiefvater traf nie die Entscheidung, sich um die Auswirkungen seiner eigenen Verletzungen zu kümmern. Er lebte bis zu Schluss nach dem Prinzip der Verdrängung. Wenige Jahre nach seiner Berentung starb er an Herzversagen. Zuletzt rauchte er etwa fünf Schachteln Zigaretten pro Tag und stand kurz vor der Amputation beider Beine.

*

Meine *Mutter* manipulierte die Familie mit den Mitteln, die ihr zur Verfügung standen. Sie war sehr geübt darin, mit Worten zu verletzen. Sie hatte eine scharfe Zunge, die sie subtil einzusetzen verstand. Ihren Mann steuerte sie mit gewährter oder verweigerter Sexualität, so wie sie es von ihrer Mutter gelernt hatte. Ebenso gab sie ihre eigene Erfahrung mit Liebesentzug an uns Kinder, aber auch an ihren Mann weiter – eine äußerst schmerzhafte Form der Manipulation.

Die Spielarten ihres Liebesentzuges will ich nicht weiter ausführen, da es mir nicht darum geht, ein Urteil gegen sie zu sprechen. Ich unterstelle meiner Mutter kein Bewusstsein für das, was sie tat. Sie gab einfach das weiter, was sie erlernt hatte. Leider ist diese Form der Machtergreifung nur allzu verbreitet und häufig ein Indiz für selbst erlebte Ohnmacht.

Es gibt ein gewisses Bedauern in mir, dass es für mich notwendig war, mich deutlich von meiner Mutter abzugrenzen. An einem gewissen Punkt meiner Entwicklung musste ich ihr mitteilen, dass ich den Kontakt zu ihr aussetzen werde. Das geschah ohne Streit und nicht aus heiterem Himmel, sondern als Ergebnis meiner gescheiterten Versuche, unsere Beziehung zu klären.

Ab einem gewissen Grad meiner Entwicklung ertrug ich die manipulative und besitzergreifende Aura meiner Mutter nicht mehr. Ein kleines Beispiel für diesen Besitzanspruch war, dass sie, nachdem ich Vater geworden war, diesen neuen Menschen nicht als solchen ansah, sondern ihn als »ihren« Enkel beanspruchte.

An einer Stelle meines Distanzierungsprozesses bot ich meiner Mutter an, ihr zur Seite zu stehen, wenn sie beschließen sollte, ihr Leben zu ordnen. Ich bot mich als Gegenüber an, als eigenen, zugewandten Menschen in unabhängiger Position. Sie ist nie darauf eingegangen und ich glaube, dass sie mich bis heute nicht wirklich verstanden hat.

Ich denke, dass sie meine Distanzierung als Verletzung und Kränkung empfindet, und spüre diesbezüglich einen Vorwurf aus ihrer Richtung, auch wenn dieser Vorwurf ihrerseits nicht in Worte findet. Dass damit das Prinzip des »Unausgesprochenen« und damit Unbearbeitbaren fortgesetzt wird, kann ich nicht ändern. Ich werde dazu allerdings auch keinen Beitrag mehr leisten.

In therapeutischen Kontexten begegnete ich meinen eigenen manipulativen Verhaltensweisen. Noch unbewusst folgte ich dem Beispiel meiner Mutter. Gelernt ist gelernt. Durch die Aufrichtigkeit anderer Menschen, die mein Verhalten spiegelten, begann schließlich eine Bewusstwerdung, die die Möglichkeit der Verhaltensänderung enthielt.

Ich halte es für möglich, dass sich meine Mutter von mir verraten fühlt, weil ich das Familien-Gesetz des Schweigens gebrochen habe. Um meinen eigenen Lebensraum einnehmen zu können, war es notwendig, mein Erleben mit Menschen außerhalb des Familien-Systems zu besprechen. Damit habe ich auch Zusammenhänge und Inhalte ihres Lebens berühren und transparent machen müssen.

Ich wünschte, meine Mutter könnte verstehen, dass ich das nicht aus Bosheit oder Rache getan habe.

Meine Mutter hat mir mitgegeben, was ihr möglich war. Dafür verdient sie meine Anerkennung. In Achtung vor ihr respektiere ich ihre Entscheidungen, auch wenn wir uns vielleicht beide andere Ergebnisse daraus gewünscht hätten.

*

Mein *Opa* war Ostpreuße. Ein enteigneter Bauer, damals mit eigenem Hof. Nach seiner Vertreibung arbeitete er als Maurer und lernte unter mir nicht bekannten Umständen meine Oma kennen. Sie heirateten. Ich erwähnte bereits, dass meine Oma zu der Zeit bereits eine uneheliche Tochter hatte, meine Mutter.

Im weiteren Verlauf kam dann die Halbschwester meiner Mutter dazu. Ein roter Faden in meiner Biografie – die *Unehelichkeit* oder vielleicht sogar *Unerwünschtheit*.

Die Haltung meines Opas mir gegenüber war eindeutig. In Worte gefasst, lautete die Botschaft:

»Der Bastard wird durchgefüttert und hat dafür dankbar zu sein!« Dass es mir gut gehen sollte, kam in seiner Haltung nicht vor. Vielleicht ist es gar nicht so merkwürdig, wie ich immer denke, dass ich häufig das Gefühl habe, dass es eine Bestrafung nach sich ziehen wird, wenn es mir gut geht?

Mein Opa, deutlich älter als meine Oma, machte nie einen Hehl daraus, dass er meine Oma heiratete, um im Alter versorgt und gepflegt zu werden. Dies war kein Wunsch, sondern eine offen gehandelte Erwartung, als Gegenleistung für die materielle und gesellschaftliche Sicherung der mit Makel behafteten Familie.

Die sexuelle Gefügigkeit seiner Frau und, wie ich mutmaße, auch die seiner Töchter gehörte in seiner Weltanschauung fundamental zu diesem Arrangement. Meine Mutter deutete einmal etwas in dieser Richtung an, ohne es deutlich zu benennen, weshalb ich glaube, dass es keine reine Mutmaßung meinerseits ist.

Eine mir bekannte Einzelheit seiner Weltanschauung war, dass ihm damals als Bauer bei sexuellen Gelüsten das Recht zustand, eine Magd zu diesem Zweck zu gebrauchen, wann und wo auch immer es ihm gefiel. Wiederum mutmaße ich, dass diese Bereitschaft zu sexueller Übergriffigkeit dazu beitrug, dass meine Mutter für ein Jahr in die Schweiz ging.

50

Die Ehe meiner Großeltern verlief entsprechend geschäftsmäßig und gefühlskalt. Ich nehme vorweg, dass der Plan meines Opas, im Alter versorgt zu werden, nicht aufging. Meine Oma verstarb fast zweieinhalb Jahrzehnte früher als er an Gebärmutterhals-Krebs. Ich weiß, dass sie zeit ihres Lebens keinen Gynäkologen an ihren Körper gelassen hat.

Mein Opa starb im hohen Alter von fünfundneunzig oder sechsundneunzig Jahren an den Folgen seiner Lebensweise.

*

Meine *Oma* hat eine ganz besondere Bedeutung für mein Leben. Wie bereits erzählt, musste meine Mutter für ihren und meinen Unterhalt sorgen und somit arbeiten, was bedeutete, dass ich häufig von meinen Großeltern, insbesondere meiner Oma, betreut wurde. Ich liebte meine Oma sehr. Sie füllte einen Raum in mir, der in Gegenwart meiner Mutter leer blieb.

Meine Oma verbrachte viel Zeit mit mir. Sie spielte mit mir, kochte mit mir und für mich und war eben einfach da. Ich kann sagen, dass die Verbindung zu meiner Oma deutlich tiefer war als die zu meiner Mutter. Ich denke, sie stillte Bedürfnisse, die ich als kleines Kind hatte und für deren Erfüllung es keine andere Quelle gab.

Bei ihr fand ich eine gewisse Ruhe, konnte mich hineinlegen in eine beschützende, umhüllende Wärme und Geborgenheit. Damit hat sie entscheidend zu meinem Überleben beigetragen.

Und sie hat Schäden in mir verursacht, deren Prägungen und Auswirkungen für mein Leben nur eine treffende Bezeichnung haben: *lebenslänglich*.

Es fand in dem Zeitraum statt, in dem ich zwischen fünf und sieben Jahre alt war. Sie bat mich zu dieser Zeit häufig, sie mit etwas einzureiben, einer Creme oder einem Öl oder Ähnlichem, was es genau war, erinnere ich nicht, es ist auch nicht wichtig. Was ich aber mehr als zwanzig Jahre später im Flashback erinnern sollte, war, dass sie zu diesem Zweck nackt auf dem großelterlichen Ehebett lag und während meiner »Einreibung« masturbierte.

Schockiert dich das? Es ist nicht meine Absicht, das zu tun, auch wenn es wahrscheinlich eine zu erwartende Reaktion ist. Es ist einfach eine meiner Erfahrungen. Eine traumatische zwar, um die ich mich intensiv kümmern muss, aber sie gehört zu mir. Deshalb will ich sie in meiner Erzählung nicht auslassen.

Ich freue mich, dass ich diese Gegebenheiten heute so flüssig in die Tastatur hämmern kann. Es zeigt mir, dass ich mir letztlich doch eine gehörige Integration und eine gesunde Distanz zu den damaligen Geschehnissen erarbeitet habe.

In dem Jahr nach dem Flashback hat mich jeder Versuch, das Geschehene zu artikulieren, beinahe umgebracht. Das, was sich mit dem Flashback explosionsartig Raum verschaffte, war wie ein Gift, das mein gesamtes Sein durchdrang. Ich musste die Werkzeuge erst finden und deren Anwendung erlernen, um meinen Empfindungen einen Ausdruck zu ermöglichen.

Worte sind nur ein *mögliches* Werkzeug, als *einziges* Werkzeug sind sie ungenügend. Damals, als Kind, gab es diese Werkzeuge für mich nicht. Ich wählte das Überleben und schloss die für mich als Kind unbegreiflichen Ereignisse und Emotionen aus meinem Bewusstsein aus.

Halb bewusst war mir aber damals schon das merkwürdige und plötzliche Verschwinden und Wiederauftauchen von Oma. Dieses Verschwinden geschah nicht körperlich. Ich spürte nur die Schmerzhaftigkeit und tiefe Verwirrung, die dieses Verschwinden hervorrief. Das sich ständig wiederholende Gefühl von Verlassenheit während dieser zwei Jahre hat meine kindliche Seele beschädigt.

Heute, nach zwanzig Jahren Therapie und Psychiatrie, habe ich gelernt, dass Oma in diesen Zeiten in ihrer Erwachsenen-Sexualität verschwand und anschließend zurückkehrte. Oma ließ mich in diesen Momenten im Stich. Und auch ich »verschwand« in diesen Situationen, um der Unaushaltbarkeit zu entfliehen. Ein geniales Überlebens-System!

Oma verließ mich ersatzlos, während sie neben mir lag und mich mit Sinneseindrücken konfrontierte, die nicht in meine kindliche Welt integrierbar waren.

Wenn ich heute in einem Hotelzimmer übernachten muss, passiert es mir nicht mehr, dass ich in Erstarrung verfalle, wenn ich aus dem Nebenzimmer die Geräusche sexueller Aktivitäten höre. Das ist nur ein winziges Beispiel dafür, wie viel ich habe lernen müssen, um traumabedingte Emotionen zuordnen zu können und ein normales Leben zu führen. Meine eigene Sexualität will ich hier gar nicht thematisieren.

Ich bestand in diesen Zeiträumen nur aus Angst und Verwirrung. Dann kehrte Oma »zurück«, um mit mir zu spielen und mich mit Schokolade zu belohnen. Sie muss gespürt haben, dass sie eine gesunde Ordnung verließ, doch ihre Bedürftigkeit war stärker.

Erst nach und nach, mit viel Hilfe, lernte ich allmählich zu verstehen, dass meine Oma mich auf höchst pathologische Weise wirklich liebte. Sie wählte mich als ihren idealen Partner und nahm sich, was ihr zeit ihres Lebens unerreichbar blieb: eine für sie unbedrohliche und lebbare Sexualität. Sie nahm sich Raum für ihre Begierde.

Sie griff zu, als sie Gelegenheit dazu bekam. Sie griff zu, weil sie es konnte. Sie handelte aus einem tiefen persönlichen Mangel heraus. Ihr Bedürfnis war stärker als ihr Moralempfinden, wenn sie so etwas besaß.

Was sie definitiv nicht besaß, war die Kraft, sich gegen die Möglichkeit zu entscheiden, die sich ihr bot. Vordergründig ist ein solches Handeln verabscheuungswürdig, oder? Doch ist es einem Menschen vorzuwerfen, etwas nicht eingesetzt zu haben, das er gar nicht besitzt?

Ich will das, was sie in mir angerichtet hat, nicht rechtfertigen! Die Auswirkungen ihrer Handlungen sind innerhalb meiner Lebensspanne irreversibel. So ist das.

Was ich will, ist ein anderer Zugang ins Verstehen. Das hebt mich als Missbrauchten aus der gefühlten »Nichtswürdigkeit« und eröffnet mir die Möglichkeit, mit den inneren Trümmern umzugehen und wenn möglich Neues daraus zu bauen. Selbstbestimmung zurückzuerlangen ist nicht allein in diesem Kontext definiertes Ziel meiner »Arbeit« geworden.

Oma war, wie jeder andere Mensch auch, ein Produkt ihrer Umstände. Sie hatte Selbst-Bewusstwerdung nie gelernt und besaß daher die notwendige Kraft nicht, eine uneigennützige Entscheidung zu treffen. Sie empfand einen maßlosen Mangel und griff egoistisch zu, als sich die

Möglichkeit bot, diesen zu beseitigen.

Diese Handlungsweise ist nicht zu rechtfertigen und schon gar nicht erstrebenswert, das ist unzweifelhaft, und doch ist sie zutiefst menschlich. Vielleicht provoziere ich mit dieser Aussage?

Gern würde ich wissen, wie du dazu stehst.

Der ego-gesteuerte Zugriff ist meine Erfahrung mit der Natur des Menschen, wenn sie »unerzogen« und »ungezügelt« bleibt. Von Anbeginn wurde ich gelehrt, meinen Vorteil zu erkennen und zu nutzen, um einen vermeintlichen Mangel auszugleichen oder meine Gier zu befriedigen. Ich sollte lernen, dass es immer um Profit gehe.

Das war die Schlussfolgerung aus den persönlichen Erlebnissen meiner Eltern und Großeltern. Sie lehrten mich das, was sie selbst gelernt hatten. Sie gaben mir, was sie hatten.

Schon früh bemerkte ich eine Abneigung in mir, ja fast einen Widerwillen gegen diese Haltung, die mir als Gesetzmäßigkeit dargelegt wurde. Diese zweifelnden Triebe in mir sind für mich auch heute noch nur verstehbar, wenn ich auf dich blicke. Ich glaube, dass das Saatgut für die Zweifel an der Glorifizierung von Profit in dir zu finden ist.

Die Menschen meines Familiensystems handelten aus einem Mangel heraus. Aus dem Mangel an empathischer Zuwendung und Unterstützung während ihrer eigenen Entwicklung. Aus einem solchen Mangel entsteht eine bittere und weit verbreitete Armut, die sich nicht mit Geld oder anderer Materie abwenden lässt. Wenn im Streben nach Profit, welches in unserer Gesellschaft anerkannt wird, allgegenwärtig ist und massiv gefördert wird, die Frage vorkommt, auf wessen Kosten dieser Profit geht, ist eine solche Hinterfragung keinesfalls die Regel, sondern eine kostbare Ausnahme. Ich danke dir für dieses Erbe!

Ich habe mich bis dahin vorgearbeitet, Oma ein Stück weit zu verstehen. Ich musste das tun, um wieder einen Selbstwert empfinden zu können. Wenn ich mir Mühe gebe, kann ich alles verstehen und nachvollziehen. Auch die Motive eines Frauen mordenden Serienkillers sind mir inzwischen erklärlich, wenn ich meine eigenen Schatten anschaue und die dunklen Räume in mir betrete. In ihnen ist alles vorhanden, was nötig ist, um Zerstörung anzurichten. Auch ich werde nicht von dem Dauerfeuer verschont, das mich zu affektierter und egozentrischer Handlung einlädt. Ich bin zutiefst dankbar dafür, dass ich die Chance bekam, Bewusstsein zu erlernen und damit einen Weg aus dem bewusstlosen Strampeln zu finden.

Oma hat mir das Überleben ermöglicht. Durch das, was sie mir *als Oma* schenken konnte, hat sie meine Entwicklung überhaupt erst möglich gemacht. Was sie als reife, unbefriedigte Frau irreversibel zerstörte, indem sie mich als Partner und Sexualobjekt missbrauchte, ist die andere Seite der Medaille. Das ist mein Trauma.

Eine mögliche Definition von Trauma ist, dass ein Geschehen den Rahmen des Erwartbaren verlässt. Wenn ein vertrauendes Kind durch die Handlung eines Erwachsenen sexualisiert wird, ist die Grenze des Erwartbaren für dieses Kind in eklatanter Weise überschritten.

Alkohol oder anderen substanziellen Suchtmitteln lässt sich mit Abstinenz begegnen, wenn der Genuss endet und Beschädigung beginnt. Auf Nähe, Geborgenheit und Intimität ist das nicht anwendbar. Diese Bedürfnisse sind existenziell. Ich habe dauerhaft mit der starken Ambivalenz zu tun, die Nähe, Geborgenheit und Intimität durch Omas Missbrauch in mir wachrufen. Was mich nähren sollte, bekam das Potenzial, mich zu vergiften. Eine davon unbelastete Partnerschaft und Liebesbeziehung sowie eine unbedrohliche, gesunde Sexualität sind für mich unerreichbar. Wenn es noch einen Rest von Urvertrauen in mir gab, habe ich ihn in dieser Zeit meiner Kindheit eingebüßt.

Ich habe Machtmissbrauch erlebt. Und ich habe erlebt, dass dieser Missbrauch nicht die Macht hatte, mich zu zerstören. Das Leben schenkte mir noch eine weitere Erfahrung von Machtmissbrauch aus einer anderen Perspektive.

Davon später mehr. Beschädigt bin ich, das ist unzweifelhaft, zerstört jedoch nicht, das ist ebenso unzweifelhaft. Das, was ich heute an Vertrauen aufbringe, gilt nicht mehr den Menschen. Ich habe es an eine Stelle ausgelagert, wo es für mich besser aufgehoben ist: in meinen Glauben. Doch auch davon will ich dir ausführlicher an eigener Stelle erzählen.

Jetzt, da ich dir dies schreibe, staune ich darüber, welche Veränderungen meine Emotionen auf dem therapeutischen Weg durch die Psyche erfahren haben. Mein Bestreben, die Wahrheit anzusehen und verstehen zu wollen, hat den Hass in mir, der tatsächlich das Potenzial hat, mich zu zerstören, entmachtet. Ein Wandel von *destruktiv* in *konstruktiv* wurde möglich.

*

1998 also, fast drei Jahrzehnte nach den Ereignissen und drei Jahre nach der Geburt meines Sohnes, erlebte ich den Flashback.

Flashback bedeutet die plötzliche und unerwartete Erinnerung an verdrängte Ereignisse. Es ist eine emotionale wie auch visuelle Zurückversetzung in den Lebensabschnitt, in der das traumatische Erleben stattfand. Die vorläufige Verdrängung dieses Erlebens ist für traumatisierte

Menschen hilfreich, weil lebenserhaltend.

Ein Flashback tritt nicht zwingend ein. Es gibt Menschen, die lebenslang unter für sie unerklärlichen Verhaltensweisen und Symptomen leiden, ohne sie zuordnen zu können. Nicht selten führt das in die eigene Täterschaft, Krankheit, Sucht oder den Suizid. Von diesem Standpunkt aus betrachtet habe ich Glück gehabt. Der Flashback gab mir die Möglichkeit, meine Verhaltensweisen zuzuordnen und, wichtiger noch, zu verändern!

Zu der Zeit meines Flashbacks war ich mit einer Frau verheiratet, die bereits zwei uneheliche Kinder hatte. Es ist mir fast unheimlich, diese Zeilen zu schreiben und damit die Parallelen meines Familiensystems und die darin enthaltene Einladung zur Fortführung so deutlich zu konturieren.

An dieser Stelle möchte ich dir von der Situation erzählen, die mir Gelegenheit gab, ein kleines Kind zu belügen. Die beiden Kinder meiner Ex-Frau waren zu der Zeit, als wir uns kennen lernten, fünf und zwei Jahre alt. Beide Jungs, beide von unterschiedlichen Vätern. Der Ältere hatte Kontakt zu seinem Vater, der Jüngere nicht. Eines Abends nun, nachdem ich dem Kleinen eine Geschichte vorgelesen hatte, fragte er mich, ob ich sein Papa sei.

Trotz der Auswirkungen, die die Lüge in meinem Leben hatte, fiel es mir in diesem Moment sehr schwer, »nein« zu sagen. Er blickte mich aus seinen großen, kindlichen Augen an. Vertrauensvoll. Hoffnungsvoll? Ich fürchtete mich davor, ihm mit der Wahrheit weh zu tun. Viel eigenes Erleben spulte sich in diesen Sekunden in mir ab. Ich bin sehr froh, dass es mir gelang, seine Frage zu verneinen.

Seine Reaktion war unspektakulär. Keine Tränen, keine Trauer, kein Drama, er nahm die Information mit großer Gelassenheit hin. Wir beendeten unser Abendritual und das war's!

Es vergingen einige Wochen, da erzählte er im Kindergarten, sein Papa sei tot. Er teilte es einfach mit, als Tatsache, wieder ganz unspektakulär. Eine Betreuerin informierte meine damalige Frau darüber.

Der kleine Kerl hatte begonnen, seine Lebensumstände, kindlich genial, für sich selbst verstehbar zu machen. Er wusste, dass der Vater seines Bruders nicht der seine war, und ich hatte ihm gesagt, ich sei es ebenfalls nicht. In seiner kindlichen Logik musste sein Vater also tot sein, andernfalls wäre er ja da.

Wir teilten ihm daraufhin mit, dass sein Vater keinesfalls tot sei, und erklärten ihm die Umstände. Auch diese Informationen nahm er gelassen hin und ging zur Tagesordnung über. Wieder verging einige Zeit, dann begann er zu fragen. Und er bekam Antworten. Ich will es abkürzen: Im weiteren Verlauf lernte er seinen Vater und auch seine Oma kennen und ging in Beziehung.

Es hat mich sehr beeindruckt, wie dieser kleine Mensch, im Besitz der Wahrheit, seinen eigenen Weg der Verarbeitung fand. Er tat es in kindlicher Selbstverständlichkeit. Ich habe auch große Achtung vor meiner Ex-Frau, die bereit war, ihrem Kind die Wahrheit nicht vorzuenthalten. Das war für sie sicher nicht leicht, denn es bedeutete, ein Kapitel ihrer Vergangenheit zu öffnen und wieder mit dem Kindesvater in Kontakt zu treten.

Sie hatte die Kraft und die Größe, diese Entscheidung zu treffen, und machte damit konstruktive Entwicklung möglich. Mich bestärkt diese kleine Geschichte unseres damaligen Familienlebens in meiner Auffassung, dass die Wahrheit nicht zerstörerisch wirkt, wenn sie Raum bekommt.

Leider sollte meine Ex-Frau mit den Auswirkungen vom gegenteiligen Umgang mit der Wahrheit zu tun bekommen, nämlich mit mir.

Jedenfalls glaubte ich zu dieser Zeit, mit ihr meine Entsprechung gefunden zu haben. Es gab sie, die Kinder, ein kleines Haus und viel Arbeit. Meine Sehnsucht nach Familie, nach einem Zuhause, nach Ankommen schien erfüllbar. Mir war damals nicht klar, wie weit entfernt ich war von meinem inneren Zuhause. Außen aber schien es greifbar und ich setzte alles ein, um diese freudige

Perspektive zu füllen. Erneut und noch unwissentlich arbeitete ich in einem fremden Garten.

Ich sah damals auf eine Aneinanderreihung gescheiterter Liebesbeziehungen zurück, die immer intensiv, immer schmerzhaft und immer relativ kurz gewesen waren. Diese Partnerschafts-Beziehungen gingen bis dahin nie über die Zwei-Jahres-Marke hinaus. Ich war körperlich voll funktionsfähig, einschließlich meiner Sexualität, was, wie ich später lernte, auf dem Hintergrund einer Biografie wie der meinen nicht unbedingt üblich ist. Gegenüber der Tatsache, dass meine Sexualität längst funktionalisiert war, war ich zu diesem Zeitpunkt noch ohne Bewusstsein.

Seelisch und mental war ich schwer beschädigt, was ich ebenfalls nicht ahnte. Krankhafte Eifersucht, Harmoniesucht, Ausschließlichkeitsanspruch, Aggression und Depression waren die Folge und machten die Liste meiner quälerischen Befindlichkeiten leider bei Weitem noch nicht komplett.

Ich wusste nicht, was mit mir los war. Gelernt hatte ich, dass es Leistung sei, was mein Dasein berechtigt. Und ich leistete unentwegt. Die Ehe, die Kinder, das Haus, die Verantwortung! Ich arbeitete mich ab und versuchte damit dem Erlernten zu entsprechen. Ich brannte vollständig aus.

Zwar hatte mir meine Mutter zu meinem achtzehnten Geburtstag meine Herkunft offenbart und diese Tatsache bereitete mir hinsichtlich ihrer Unabänderlichkeit auch große Schwierigkeiten, meine extreme Emotionalität, Verzweiflung und beginnende Suizidalität fanden für mich darin allerdings keine Erklärung.

Der Flashback nun war es, der mir zunächst überhaupt die Möglichkeit bot, meine Auffälligkeiten zuzuordnen. Ich war also nicht verrückt! An meinen selbst empfundenen Unfähigkeiten in verschiedenen sozialen Kontexten änderte sich dadurch zwar nichts, sie wurden für mich allerdings zumindest nachvollziehbar. Damals war ich nicht fähig, etwas anderes als Zerstörung und Trümmerhaufen zu sehen. Heute bin ich dankbar für die Möglichkeit, die der Flashback enthielt. Allein die Offenbarung der Wahrheit gab mir die Möglichkeit, mit ihr umzugehen.

Ich wurde belogen, verraten, missbraucht und benutzt. Dieser schmerzhafte Auftritt der Wahrheit riss mich zunächst von den Füßen. Allerdings bietet nur die Wahrheit, gleichgültig wie sie beschaffen ist, ein tragfähiges Fundament für Entwicklung. Indem ich dir dies berichte, wird mir klar, wie einfach es ist, einen solchen Satz zu schreiben, aber du darfst mir glauben, dass es mich viel gekostet hat, zu dieser Einsicht zu gelangen.

Ich hatte nie das Motiv, zu dieser Einsicht zu kommen, sondern es war immer Leidensdruck, der mich in Bewegung brachte. Einsichten erschließen sich für mich immer erst in der Rückschau. Heute ist es meine Überzeugung! Ich sage damit nicht, dass es leicht ist, die Wahrheit anzuschauen und zu akzeptieren, und behaupte gleichzeitig, da es meiner Erfahrung entspricht, dass es keinen anderen Weg gibt, heilsame Veränderung einzuleiten.

Meine Wahrheit lag nun offen vor mir. Während ich heute von Möglichkeiten sprechen kann, die diese Wahrheit enthielt, war ich damals nicht in der Verfassung, diese überhaupt nur zu erahnen. Ich bedaure sehr, was meine Ex-Frau durchmachen musste! Zwar versuchte ich, irgendwie allein wieder in eine »Normalität« zu kommen, scheiterte aber daran.

Ich trank viel Alkohol und randalierte innerlich und leider auch äußerlich. Mit großer Beschämung erinnere ich mich an eine Situation, in der ich leere Flaschen an die Wand warf, wo sie mit großem Getöse zerbarsten.

Der Auslöser dafür war, dass ich das Lachen unserer Gäste nicht ertrug, die sich im Haus befanden und zu mir, der ich im Neubau arbeitete und trank, durchdrang. Ich hielt es einfach nicht aus! Ich war voll von Schmerz und Verzweiflung und warf blindwütig die Flaschen in Richtung dieses Lebens-Ausdrucks. Ich war nicht mehr fähig, Verantwortung zu übernehmen, weder für mich selbst noch für die Familie. Ich hielt mich nicht mehr aus, geschweige denn, dass ich noch etwas zu geben gehabt hätte.

Die ersten Klinikaufenthalte folgten, blieben für meine eigene Wertung allerdings erfolglos. Damals hätte ich allein die Rückkehr in meine alten Strukturen als Erfolg verbucht. Nichts anderes wollte ich! Dass es diesen Weg nach einem Flashback nicht mehr gibt, habe ich mühsam lernen müssen.

Ich trennte mich. Für mich war diese Entscheidung unabwendbar, wenn auch eine der schwersten, die ich je in meinem Leben getroffen habe. Ich hätte in dieser Überforderungssituation nicht überleben können und ging auf Distanz.

Worte sind nicht in der Lage, die Zerrissenheit in mir zu beschreiben, die diese Zeit für mich bedeutete. Kurz nach der Trennung lernte ich einen Mann kennen, der es mir wieder möglich machte *zu leben*, indem er mir behutsam half, den Ort des Zorns und des Schmerzes wenigstens kurzzeitig zu verlassen und einen anderen Standpunkt einzunehmen. Die Erkenntnis, dass dies möglich war, rettete mein Leben – auch wenn das sehr pathetisch klingt.

*

Ich möchte dir von *Ingo* erzählen. Dieser Mann wurde zu einem der wichtigsten Menschen in meinem Leben. Eine Fügung, ein Geschenk. Einen Mann wie ihn hätte ich mir als Vater gewünscht. Ingo, genauer Dr. Ingo Gerstenberg, war ein Mann, der seine Entsprechung gefunden hatte und sie transparent und aufrichtig lebte. Ich muss leider in der Vergangenheitsform sprechen denn er verstarb allzu früh.

Zu der Zeit, da ich ihn kennen lernte, hatte Ingo beruflich bereits seinen klinischen Kontext verlassen und ein eigenes Therapiezentrum gegründet: die ›Hirsenmühle‹ in Hadamar, genauer das ›Dan-Casriel-Institut‹. Damals, wie bereits erwähnt, hatte ich mich eben erst von meiner Familie getrennt, befand mich in einem desaströsen emotionalen Zustand und wusste weder vor noch zurück.

Ich hatte mir eine kleine Wohnung genommen, hatte die Kinder zurücklassen müssen, fühlte mich völlig nutzlos und bestand nur noch aus Verwirrung, Verzweiflung und suizidalen Gedanken. Das Seminar in der ›Hirsenmühle‹ hatte ich auf Anraten von Bekannten, die um meine Lebenssituation wussten, bereits vor der Trennung gebucht und war nun entschlossen, diese Buchung zu stornieren.

Hinsichtlich meiner neuen Situation hielt ich die Teilnahme an einem für mich damals noch zweifelhaften Selbsterfahrungs-Event für unangebracht und eine unnötige finanzielle Belastung. Sowohl Teilnahmegebühr als auch Kost und Unterbringung mussten aus eigener Tasche bezahlt werden. Ich sprach mit meinem, damals wie heute, besten Freund darüber. Er zögerte keinen Augenblick und schenkte mir die nötigen Mittel. Seine intuitive Entscheidung bildete den Eingang zu dem Weg, der mein Weiterleben möglich machte. Von ihm werde ich dir an eigener Stelle noch mehr erzählen.

Zurückblickend gehört sein Verhalten zu den Ereignissen, die ich niemals vergessen werde. Ich bin sehr dankbar für die Impulse, die es in kritischen Situationen meines Lebens immer wieder gegeben hat und mir die Fortsetzung meines Weges ermöglichten.

Heute kann ich sagen, dass die Begegnung mit Ingo einen weiteren dieser fundamentalen Impulse darstellt. Er respektierte meine empfundene Ohnmacht und ermöglichte es mir gleichzeitig auf seine unnachahmliche Weise, diese anzuzweifeln. Damit wurden für mich neue Standpunkte und mögliche Wege sichtbar. Die erstickende Unerträglichkeit meiner Gefühle verlor damit die Übermacht und ich konnte wieder einige Atemzüge tun.

Zunächst einmal war ich schwer beeindruckt von diesem Mann, der Einfühlsamkeit, Sensibilität, Geradlinigkeit und eine enorme körperliche wie auch mentale Kraft verkörperte. Ich fand dafür kein anderes Beispiel in meinem Umfeld und auch heute gibt es allenfalls Männer, die eine gewisse Ähnlichkeit mit Ingo haben. Die ihm eigene ausgeprägte authentische Stimmigkeit allerdings habe ich seither bei niemandem mehr gefunden.

Er hörte mir zu, er hielt mich aus. Er war unerschrocken und wich keinen Millimeter vor dem zurück, was ich ihm berichtete. Seine Haltung gab mir Raum für Offenheit und ließ mich meine Beschämung überwinden. Er gab mir die Möglichkeit, auch über meine Suizidalität zu sprechen, ohne dass ich hätte Angst haben müssen, ihn damit abzustoßen und Erschrecken hervorzurufen. Auch der dringende Appell, mich umgehend in stationäre psychiatrische Behandlung zu begeben, blieb seinerseits aus. Ingo begann mir die Welt, in die ich hineingeraten war, zu erklären, und aufgrund seiner wertfreien Haltung konnte ich es zulassen.

Nüchtern, aufrichtig, geduldig, ungeschminkt und liebevoll tat er es. Ingo machte es mir möglich, selbst einen anderen Standpunkt zu finden, von dem aus ich auf mein Leben schauen konnte. Er war glaubwürdig für mich, denn er sprach – und das ist für mich das Fundament für jede Glaubwürdigkeit – von seinen persönlichen Erfahrungen. Natürlich auch von seinem Erleben im beruflichen Kontext als Arzt und Therapeut. Was mich aber am meisten beeindruckte und wieder ein wenig Vertrauen in mir wachsen ließ, war mein Empfinden, dass er über ein Wissen und Verstehen verfügte, das keinem theoretischen Studium entspringen konnte. Diese Ausrüstung, so weiß ich heute aus eigener Erfahrung, lässt sich nicht studieren. Sie lässt sich nicht erlesen, sondern ausschließlich erleben! Ingo ist bis heute ein Idol für mich und, wie bereits erwähnt, mein Wahl-Vater.

Vieles von Ingos Natur wünsche ich mir in dir. In diesem kleinen Augenblick, da ich diese Zeilen schreibe, ist es mir leichter, dich nicht zu kennen. Denn so gibt es für mich keinen Vergleich, der das Bild, das ich von dir haben möchte, gefährdet.

Ich bin sehr glücklich, dass ich Ingo begegnen durfte. Er war keine Fiktion für mich, so wie du, kein Idol mit zusammenfantasierten Fähigkeiten, sondern ein reales Gegenüber. Für mich ist Ingo ein erstrebenswertes Beispiel für das, was einem Mann möglich ist, wenn er den Mut aufbringt, sich *für* Entwicklung zu entscheiden. Er zeigte mir den Eingang zu diesem Weg der Entwicklung. Er ließ mich weder im Unklaren hinsichtlich der möglichen Erfolge noch über den dafür nötigen Einsatz.

Irgendwann entschied ich mich zu dem ersten Schritt und bemühe mich seither, diesen Weg nicht mehr zu verlassen oder, wenn ich wieder einmal einen falschen Abzweig genommen habe, auf ihn zurückzukehren.

Die ›Hirsenmühle‹ besteht noch immer und ich habe einige Menschen dazu ermutigt, einen Abstecher von ihrem aktuellen Weg dorthin zu unternehmen. Eine Pauschal-Empfehlung würde ich allerdings nicht aussprechen. Im Blick auf den Nutzen halte ich es für ganz entscheidend, ganz persönlich und individuell herauszufinden, ob die Konfrontation mit sich selbst hilfreich sein kann. Als ersten Schritt auf dem Weg, sich selbst kennen zu lernen, halte ich die ›Hirsenmühle‹ für zu anspruchsvoll, denn die Prozesse, die dort aktiviert werden können, sind überaus intensiv und bedürfen einer entsprechenden Bodenhaftung. Die Therapieform, die ich dort kennen lernte, heißt »Bonding«, zu Deutsch »Bindung«. Sie findet unter intensivem Körperkontakt statt und war für mich, vor dem Hintergrund meiner Biografie, ein hohes Wagnis.

Ich schrie in diesen Therapie-Einheiten wie nie zuvor in meinem Leben. Ingo wich mir währenddessen nicht von der Seite. Er führte mich hinein und wieder heraus. Über meine Schreie fanden fesselnde Emotionen einen Abfluss, was mir wieder einen gewissen Bewegungsspielraum verschaffte.

Und dieser Bewegungsspielraum befand sich

nun in meinem Garten. Ingo war es, der mir zeigte, dass ich einen eigenen Garten besitze. Er ließ mich einen ersten Blick hineinwerfen und blieb an meiner Seite, als ich sah, wie ungepflegt er war. Dornige Rankpflanzen überwucherten meinen Lebensraum. Das Brombeergestrüpp *Oma* war die stärkste Pflanze unter ihnen.

Ingo half mir, die Dornen von den Früchten zu trennen. Ohne sein *Gärtnerwissen* wäre mein Garten in den Dornenranken erstickt und ich hätte die versteckten Früchte, die es durchaus gab, nicht einmal gesehen. Er ließ mich auch erkennen, dass mein Garten nur *fast* vollständig überwuchert war! Es gab noch einen kleinen Teil, auf dem ich stehen konnte, um von dort aus mit der Arbeit zu beginnen.

Die Erkenntnis, dass ich mir den Ausdruck meines Schmerzes, also meine Schreie, nutzbar machen konnte, brachte mich ein Stück weit in die Selbstbestimmung zurück. Ein erster Erfolg! Heute, mehr als zwei Jahrzehnte später, besitze ich einen Garten, in dem nichts mehr ohne meine Einwilligung wächst. Ich danke meinem Schöpfer dafür, dass es Ingo für mich gab!

Mein Leben ging also weiter und ich nahm, immer flankiert von fachlicher Unterstützung, viele Veränderungen in meinem Garten vor. Die Werkzeuge dazu und deren Handhabung lernte ich im psychiatrisch/therapeutischen Kontext kennen. Darüber will ich noch in einem eigenen Kapitel berichten.

*

Seit meinem Flashback, der nun schon Jahre zurücklag, hatte ich mich immer weiter aus meinem Ursprungssystem herausgearbeitet und viele neue und gute Erfahrungen gemacht, sei es in allgemeinen sozialen Kontexten oder in Liebesbeziehungen. Das konnte gern so weitergehen! Ich wollte ausbauen und festigen, was ich bisher gelernt und verändert hatte.

Aufgewachsen in einem Männer ablehnenden Matriarchat, hatte ich kein gesundes Bild von Männlichkeit und Mann-Sein. Die ständigen Schwierigkeiten in meinen Liebesbeziehungen erinnerte ich gut und wollte nicht daran anknüpfen. Während meines Heranwachsens zwischen Frauen mit einem pathologischen Männerbild hatte ich gelernt, mich zu fügen, um bleiben zu dürfen. Nun allerdings, nachdem ich mich für die Abkehr von diesem familiär-destruktiven Lebensentwurf und einen eigenen Weg und entschieden hatte, fand ich mich neuerdings in Gesellschaft von Frauen, die nach meiner Männlichkeit fragten, ja diese ausdrücklich wünschten.

Eine mir wichtige und anspruchsvolle Liebesbeziehung war es dann auch, die mich schmerzhaft mit meinen Defiziten als Mann konfrontierte. Meine damalige Partnerin fragte ganz konkret nach einem männlichen Gegenüber. Sie war bereits geübt in »Beziehungsarbeit« und hatte »Männlichkeit« in entwickelter Form bereits erlebt und als bereichernd empfunden. Durch Ingo hatte ich bereits eine gewisse Idee von erstrebenswerter Männlichkeit, fand in mir selbst aber noch keine tragfähigen Anteile davon.

Ich war verwirrt, denn ich hatte gelernt, mich zu fügen, mich unterzuordnen und an den Frauen zu orientieren, um nicht schmerzhafter Manipulation ausgesetzt zu sein. Meine damalige Partnerin wünschte sich aber, »männliche« Orientierung bei mir zu finden. Dazu gehörten Entschlossenheit, Entscheidungsfreude, Geradlinigkeit und mentale Stärke.

Sie sagte mir offen, wie kostbar ihr meine Ehrlichkeit, meine Empfindsamkeit und Kreativität seien, teilte mir aber ebenso offen mit, welche Anteile sie in mir vermisste. Ich hörte, was sie sagte, verstand es aber nicht. Ich fühlte wieder einmal: »nicht gut genug«, nicht »richtig«.

Mein Erlerntes bot also nicht die männliche Orientierung, die sich meine Partnerin wünschte, also wertete ich mich aufgrund ihrer vermeintlichen Kritik reflexartig ab. Instinktiv spürte ich zwar, dass etwas Gesundes und Zutreffendes in ihrer Fragestellung lag, doch konnte ich es zu diesem Zeitpunkt noch nicht begreifen. Was mein angeschlagenes Selbstbild daraus machte, war das harte Urteil: *ungenügend!* Ich bekam Angst und fühlte mich im Zugzwang.

Ich wollte den neuen Faden, also den Umstand, dass meine Männlichkeit nicht abgelehnt, sondern akzeptiert, ja sogar begehrt wurde, nicht verlieren. Ein Dilemma. Meine Schlussfolgerung damals war: *Ich musste schnell »männliche« Eigenschaften entwickeln!* Nichts davon hatte meine Partnerin gesagt oder gemeint, nichts anderes allerdings hatte mein geringes Selbstwertgefühl gehört! Meine irrationale Angst, zu *verlieren*, setzte mich unter starken Druck und bildete die Voraussetzung für die folgenden Geschehnisse.

Bei Ingo hatte ich erfahren, welche Chancen und Möglichkeiten darin liegen, von einem gesunden Mann lernen zu können. Daran wollte ich anknüpfen! Mir war allerdings nicht klar, wie selten solche Männer sind. Bei einem Psychologen gar setzte ich diese Gesundheit einfach voraus. Ein fataler Fehler, wie sich herausstellen sollte.

Jeder, der schon einmal therapeutische Hilfe benötigte, weiß, wie schwierig es ist, eine solche zu bekommen. Die Therapeuten, die über die Krankenkasse abrechnen können, sind hoffnungslos überlastet, lange Wartezeiten sind üblich. Mir kam es wie ein Wink des Himmels vor, als ich aus meinem Bekanntenkreis den Hinweis auf einen Psychologen bekam, der Termine frei habe. Dass ich die Therapie-Sitzungen selbst bezahlen musste, interessierte mich nicht weiter, denn ich hatte schließlich andere Sorgen, daher zögerte ich nicht lange.

Im Erstgespräch erläuterte er seine Qualifikation und schilderte seine Arbeitsbereiche. Er sei aus der klassischen Psychotherapie und damit auch aus der Krankenkassenbindung ausgestiegen, um sich den Themen widmen zu können, die ihm wirklich wichtig seien. Er habe sich entschieden, Trauma-Folgeerscheinungen zu behandeln, und arbeite daher vorwiegend als Paar- und Sexualtherapeut. Er erzählte viel von sich selbst, offen und unkonventionell. Ich mag unkonventionelles Herangehen, nach wie vor. Um es abzukürzen, er rannte offene Türen bei mir ein. Zudem erinnerte er mich in verschiedenen Anteilen an Ingo. Sein Habitus war gleichermaßen maskulin wie emphatisch. Er erzählte von sich als Kampfsportler und Musiker. Und er war Psychologe. Perfekt! Von wem, wenn nicht von ihm, konnte ich lernen, meine gefühlten Defizite zu beheben? Ich prüfte nichts von dem, was er mir erzählte, von dem Diplom, das an seiner Wand hing, einmal abgesehen.

Ich öffnete mich, schilderte ihm meine bisherige Geschichte und mein aktuelles Erleben in der Paar-Situation. Heute weiß ich, dass ich meinem dringenden Bedürfnis nach schneller Veränderung erlag. Mir fehlten Souveränität, Stärke, Führung und Kompetenz, um die Fortführung der Beziehung zu meiner Partnerin sicherzustellen. Der Druck meiner irrationalen Verlustangst machte mich zu diesem Zeitpunkt blind für die Alarmsignale, die ich erst viel später in der Aufarbeitung erkennen konnte.

Obwohl ich zuvor Ingo begegnet war, übersah ich den entscheidenden Unterschied im Verhalten dieses Psychologen. Ingo war mir, aufgrund seiner Reifung und seiner Haltung zum Leben, uneigennützig zugewandt. Für den Therapeuten galt das nicht. Im Gegenteil, meine Kreativität, Sensibilität und Ausdrucksfähigkeit weckten Begehrlichkeiten in ihm. Ohne es auch nur zu ahnen, aktivierte ich in ihm *seine* unentwickelte Seite. Nach einer gewissen Zeit der »Therapie« zeigte ich ihm einige Gedichte und Texte von mir. In mir gärte schon so lange der Zweifel, ob es männlich sei, Gedichte zu schreiben oder überhaupt auf eine authentische Weise Emotionen ausdrücken zu wollen. Er bestätigte und ermutigte mich in hohem Maße.

Für mich war es überaus wohltuend, in diesem Kontext bestätigt zu werden. Und dann noch von einem *solchen* Mann! Der Therapeut gab mir das Gefühl, nicht »falsch« zu sein. Dieses ersehnte

Wohlgefühl verstellte mir lange den Blick in die Realität.

Er begann mehr zu fordern, wollte Teilhabe an meinen Gefühlen, Teilhabe an meinem Leben. Ich erlebte in skurriler Weise erneut, was Oma getan hatte. Mit seinen »professionellen« Werkzeugen machte er mich gefügig und somit zu einem Mittel für seine machtorientierte Selbstbefriedigung.

Der Therapeut wurde übergriffig, indem er seine Position zum eigenen Lustgewinn missbrauchte. Ich gewährte ihm Einblicke in mein Seelenleben. Ich hatte bereits gelernt, dass eine Therapie ohne diese Bereitschaft nicht möglich ist. Ich war allerdings in der Position des Klienten, eines Schutzbefohlenen. Seine Fähigkeiten boten dem Therapeuten jede Möglichkeit der Manipulation und Steuerung zugunsten seines Profites. Er griff zu, weil er in der Position war, zugreifen zu können. So wie Oma damals. So konnte ich meinem Erfahrungsschatz also das Erleben einer Re-Traumatisierung hinzufügen.

Erst als mich dieser Psychologe, schwer alkoholisiert, telefonisch kontaktierte, um einen »Ausnahme-Termin« zu vereinbaren, war meine Verstörung groß genug, um die Lähmung, die ein traumatisches Erleben begleitet, zu zerbrechen, und vertraute ich mich dem Psychiater an, der mich schon seit Jahren medikamentös begleitete.

Meine Beschämung und meine Selbstzweifel waren bodenlos. Hatte ich denn nichts aus den Ereignissen meiner Vergangenheit gelernt? Mein Urteil über mich selbst war vernichtend: Lebensunfähig! Ich hatte jedes Vertrauen in mein eigenes Urteilsvermögen verloren.

Dieser Psychiater erklärte mir dann, sachlich und professionell, dass ich vor dem Hintergrund meiner Biografie gar keine Chance gehabt hätte, mich dem Einfluss dieses Psychologen zu entziehen. Seine Motive seien grundfalsch und verurteilenswert, leider aber nicht so selten, wie man denken möchte. Mir wurde erklärt, dass eine skurrile »Verliebtheit« stattgefunden hatte, die ein Klient, der sich für eine therapeutische Behandlung in einen »Schutzraum« begibt, gar nicht bemerken kann. Es ist oberstes Gebot für jeden Therapeuten, diesen Schutzraum herzustellen und zu bewahren.

Fachlich ausgedrückt, war es, wie bereits erwähnt, eine Re-Traumatisierung, die stattfand. Offenbar brauchte ich diese Erfahrung. Der »kranke« Psychologe lehrte mich Wachsamkeit und Achtsamkeit. Er erinnerte mich überdeutlich an die Berechtigung meines Misstrauens vor dem Hintergrund meines zerstörten Urvertrauens. Er vermittelte mir auf sehr schmerzhafte Weise einen Eindruck davon, was eine unerzogene Triebhaftigkeit, in Kombination mit einem persönlichen

Mangel-Erleben, anzurichten vermag.

Hätte ich vorher Beschriebenes nicht selbst erlebt, hätte ich es wohl kaum geglaubt. Leider lerne ich nur auf diese Art.

Geht es dir auch so? Es würde mich ein wenig trösten. Ist es denn blauäugig, nicht sofort Missbrauch und Ausbeutung zu erwarten, wenn ich mich der Welt offen zu erkennen gebe? Ich will in dieser argwöhnischen Haltung nicht leben! Vielleicht liegt es daran, dass die Fülle der wunderbaren Erfahrungen, die ich mit Offenheit und Authentizität gemacht habe, die negativen bei Weitem übersteigt.

*

Meinen ersten Aufenthalt in der Psychiatrie hatte ich kurz nach dem erfolgten Flashback. Dieser »Einschlag« in mein bisheriges Leben war so heftig, dass ich wortwörtlich kaum noch auf den eigenen Füßen stehen konnte. Ich war gefangen in den Eindrücken der verkapselten Emotionen, die mit dem Flashback explosionsartig Raum und Aufmerksamkeit forderten. Diese Eindrücke waren derart intensiv, dass sie meine Wahrnehmung für alles im Außen stark einschränkten. In gewisser Weise war ich durch mein schmerzhaftes und verwirrendes Innenleben von der Umwelt isoliert.

Entsprechend war mein erster Eindruck von

dem Ort, an dem ich mich plötzlich befand. Eben in der lokalen Akut-Psychiatrie. Meine »Auffälligkeiten« im familiären Kontext, mein emotionaler Ausnahmezustand und mein Alkoholkonsum wiesen den Weg dorthin. Zwar war meine Selbstwahrnehmung noch so weit intakt, dass ich den Verlust meiner Leistungs- und Belastungsfähigkeit registrierte und meine Überforderung mit der Situation allgegenwärtig spürbar war, doch hatte ich keine Hoffnung, in dieser Klinik Hilfe zu finden. Die Konfrontation mit der Vergangenheit hatte mich so hart auf dem Boden meiner Gefühls-Realität aufschlagen lassen, dass ich überzeugt war, mein Leben nicht fortführen zu können. Suizid schien der einzige Weg zu sein, die Qual zu beenden.

Und in dieser Überzeugung und an diesem Ort sah ich mich nun von »Verrückten« umgeben. Das, was ich sah, schreckte mich ab. Ich war unvorbereitet, niemand hatte mir jemals erklärt, was »Psychiatrie« heißt. Die Vielzahl von seelischen Störungen, die Menschen ereilen können, und deren Ausdrucksformen waren mir völlig unbekannt. *Nur weg hier!*, brüllte eine innere Stimme. Es war mir zu dieser Zeit unmöglich, mich in den Kreis dieser Menschen einzuordnen und mit der bevorstehenden Arbeit zu beginnen. Ich musste zunächst lernen, meinen neuen Lebens-Status zu akzeptieren. *Ich war verrückt!*

Doch meine Definition von »Verrücktheit« sollte sich drastisch ändern.

Höchst widerwillig begab ich mich in die vorgegebene Struktur. Den Psychologen und Therapeuten ging es zunächst um eine möglichst vollständige Sammlung von Informationen, die sogenannte Anamnese. Anders als in Krankenhäusern, die mit der Heilung organischer Erkrankungen zu tun haben, sind für die Behandlung psychischer Indikationen vor allem biografische Zusammenhänge von Bedeutung. In meinem Fall war die Diagnose relativ simpel, wenn auch folgenreich. Durch die Erinnerung an Verletzungen in meiner Kindheit, die, um mein Leben zu dieser Zeit zu erhalten, abgespalten wurden, geriet ich durch den Flashback in eine Reizüberflutung, die kein »normales« Funktionieren mehr zuließ. Ein klassischer Fall von Posttraumatischer Belastungsstörung (PTBS).

Meine Beschwerden waren also klar zuzuordnen und erklärbar. Was für mich eine Katastrophe war und mich an den Rand des Aushaltbaren brachte, nahmen die Fachleute mit beeindruckender Gelassenheit hin. Für sie war der Umgang mit den Folgeerscheinungen psychischer Verletzungen Tagesgeschäft. Mir wurde geduldig erklärt, dass es sich in meinem Fall zunächst um eine reine Krisenintervention handele. Das bedeutete, die akuten Suizidabsichten abzuwenden

82

und mich so weit zu stabilisieren, dass ich wieder konstruktive Entscheidungen treffen konnte.

Allein dieses Ansinnen schien mir utopisch. Ich wollte nichts anderes, als dass der Schmerz und die Verzweiflung aufhörten, und das möglichst schnell! Ich ahnte damals noch nicht, dass dieser Klinikaufenthalt nur der erste kleine Schritt auf einem langen Weg sein sollte.

Meine Unruhe und Ungeduld blieben dem behandelnden Personal nicht verborgen, sodass ich immer wieder darauf hingewiesen wurde, dass ich »außer mir« sei und dass es vor allem darum gehe, wieder »zu mir« zu kommen.

Ich verstand kaum etwas in dieser Phase meines Lebens. Dass Gefühle auch »abfließen« können, wenn sie einen Rahmen und die dafür notwendige Zeit bekommen, war mir nicht bewusst. Mir musste auch erklärt werden, dass diese belastenden Emotionen nun zeitversetzt, also nachträglich durchlebt und empfunden werden mussten, um diesen »Abfluss« zu ermöglichen.

Ich wollte das nicht! Ich wollte zurück in mein altes Leben! Dass dieses Zurück weder möglich noch erstrebenswert war, wurde mir nicht gesagt, sondern gehörte zu den Erkenntnissen, die ich selbst erwerben musste. Ich hätte es zu diesem Zeitpunkt ohnehin nicht geglaubt.

Es war mir schier unerträglich, mich emotional auch nur in die Nähe der damaligen Ereignisse zu begeben, geschweige denn, darüber zu sprechen. So konnte ich mir diesen ersten und auch den darauf folgenden Klinikaufenthalt, obwohl es sich dabei bereits um eine Fachklinik handelte, nur sehr eingeschränkt nutzbar machen. Unbewusst wartete ich auf *jemanden* oder *etwas*, das mich aus meinem quälerischen Erleben befreien würde. Ich wartete auf eine ärztliche »Behandlung«, wie ich sie bisher im organischen Bereich erfahren hatte. Dass im seelischen Kontext nur ich selbst der »Behandelnde« sein konnte, hatte ich noch nicht verstanden.

Erst nachdem ich Dr. Ingo Gerstenberg in der ›Hirsenmühle‹ kennen lernte, kam der Umschwung. Ingo verdeutlichte mir, dass ich nicht ohnmächtig gegenüber den belastenden Ereignissen meiner Kindheit sei. Unter seiner Anleitung wurden mir die ersten Veränderungen begreiflich und erlebbar. Bis dahin fühlte ich mich als »Patient«, abhängig davon, endlich den richtigen Psychologen, Therapeuten oder das »richtige« Medikament zu finden, damit es mir besser ging.

Ingo machte mir verständlich, dass vieles von meiner Bereitschaft abhing, meine Realität ungeschminkt anzuschauen und eine Art Inventur zu machen. Das hieß nach seinen Worten, sowohl die Trümmer auf dem Kriegsschauplatz meiner Biografie realistisch zu begutachten, als auch mein Potenzial wahrzunehmen und es nicht zu unterschätzen. Niemand habe, so erklärte er mir, eine Strategie oder ein Rezept, das universell einsetzbar wäre. Was bei dem einen Menschen hilfreich sei, könne bei einem anderen erfolglos bleiben. Kein Psychologe der Welt, und dabei schloss er sich ausdrücklich mit ein, könne ermessen, wie tief und wie umfangreich die Wunden seien, die meine Biografie in mir hinterlassen habe.

Er ermutigte mich eindrücklich, den Weg der Selbsterforschung zu gehen und dabei zum Experten meiner selbst zu werden. Ingo ließ keinen Zweifel daran, dass es ein anstrengender und anspruchsvoller Weg sein würde. Er ließ mich aber ebenso deutlich spüren, dass er mir diesen Weg absolut zutraute, und gab mir damit ein Stück Selbstvertrauen zurück. Damit konnte ich etwas beginnen!

Ich nehme einmal vorweg, dass immer wieder stationäre Aufenthalte notwendig waren, um mich in die Lage zu versetzen, mein Leben fortzusetzen, sei es zur Krisenintervention in der allgemeinen Akut-Psychiatrie oder in Fachkliniken mit Trauma-Ausrichtung. Allerdings war es allein die Begegnung mit Ingo, die es mir ermöglichte, die Haltung gegenüber meiner Situation zu ändern. Ab diesem Zeitpunkt gelang es mir, aktiv zu lernen, zu reflektieren und die verschiedensten Therapieangebote auszuprobieren und auf ihre Nützlichkeit für mich zu überprüfen.

Mit dieser neuen Sichtweise begann ich zu erkennen, welche Angebote und Möglichkeiten in der Struktur eines stationären Aufenthaltes enthalten waren. In den Vorgaben, gegen die ich anfangs rebellierte, weil ich mich gemaßregelt fühlte, konnte ich nun einen Sinn erkennen. Wo ich mich zuerst in ein Regelwerk gepresst fühlte, konnte ich nun die Unterstützungs-Absicht für einen Genesungsprozesses sehen.

Während der Zeiträume, in denen es mir sehr schlecht ging, wurde mir die zunächst ungeliebte straffe und konsequente Struktur innerhalb der Kliniken sehr wertvoll. Ihre Zuverlässigkeit und Berechenbarkeit stützten mein instabiles Dasein. So erfuhr ich dort, sozusagen stellvertretend, wohltuende und fördernde Anteile, die normalerweise in einer gesunden Familie zu finden sind.

Da waren zum Beispiel die strikt einzuhaltenden Essenszeiten, die Wochenend-Planung, der Küchendienst, die Pflicht, sich von der Station ab- und auch wieder anzumelden, inklusive der Angabe des Ortes, wohin man gehen wollte. Es wurde ein Augenmerk auf die persönliche Hygiene gelegt und ohne Ankündigung konnten jederzeit Alkohol- oder Drogentests durchgeführt werden. Individuell wurde auch der Konsum von Medien, also Handy, Fernseher und Computer, limitiert. In manchen Kliniken gab es zudem Kontaktsperren, nach außen ebenso wie nach innen. Manchmal waren diese frei wählbar, manchmal wurden sie verordnet, je nach Indikation und Ziel der Behandlung. Außerdem bestand große Aufmerksamkeit hinsichtlich des sozialen Gefüges der Patienten untereinander.

Dann gab es die Therapien, welche je nach Klinik, Indikation und Person sehr unterschiedlich ausfallen konnten. Auch hier gab es Unterschiede hinsichtlich der Wählbarkeit oder Verordnung, je nachdem, mit welchem Konzept die Klinik arbeitete. Die Teilnahme war aber grundsätzlich Pflicht und bildete den Hauptteil der Tagesstruktur. Außer den Gesprächstherapien, die sowohl im Einzelgespräch mit einem Psychologen als auch in der Gruppe unter Leitung eines Psychologen stattfanden, lernte ich Sport-, Bewegungs-, Ergo-, Arbeits-, Musik-, Kunst-, Theater- und Tanztherapie kennen. Manchmal wurden ergänzend auch noch Angebote mit den Inhalten Achtsamkeit, Selbststeuerung, Entspannung, Deeskalation und Meditation gemacht.

Ich lernte, probierte vieles aus und begann in diesem Sinne ein intensives Studium. Die Erfolge, die Ingo vorausgesagt hatte, stellten sich ein. Durch den aufgeschlossenen, nichts beschönigenden Umgang mit meinen schwierigen Lebensereignissen änderte sich mein Status vom »Gefangenen« zum »Forscher«. Ich merkte, dass der Schlüssel für Veränderung darin zu finden war, aus der Fülle der Angebote die für mich geeigneten Elemente herauszufinden und deren Anwendung zu erlernen.

Eine der wichtigsten Veränderungen für mich war, zu erleben, dass die emotionalen »Überschwemmungen« sowohl an Intensität als auch an Häufigkeit verloren, wenn ich ihnen aktiv einen Raum öffnete. Die Furcht, darin zu »ertrinken«, wurde geringer. Ich hatte schwimmen gelernt und erfahren, dass es geeignete Mittel gab, die Flut der verkapselten Emotionen zu kanalisieren. Mein innerer Druck nahm ab, und dies schenkte mir Zuversicht in mein begonnenes Studium.

Natürlich gab es auch Rückschläge. Durch meine Erfolge angespornt, begann ich nach dem Prinzip »Viel hilft viel« vorzugehen. Ich musste erst lernen, dass bei der Arbeit in der Psyche andere Gesetzmäßigkeiten gelten als in der physikalischen Welt. In der physikalischen Welt lässt sich die Erschließung eines Baugrundstückes mittels Bagger und Radlader beschleunigen. Die Arbeit an Seelen-Räumlichkeiten allerdings lässt weder Eile noch den Einsatz von schwerem Gerät zu, insbesondere dann nicht, wenn diese Flächen mit traumatischen Inhalten belegt sind.

Ein Psychologe, der mir sehr wichtig wurde und mich länger als ein Jahrzehnt ambulant begleitete, erklärte mir die Verhältnismäßigkeit in der Trauma-Arbeit. Diese beträgt etwa 1:5, wobei der zweite Wert auch deutlich höher sein kann. Das heißt im Klartext: Aufdecken, stabilisieren, stabilisieren, stabilisieren, stabilisieren, stabilisieren … Dieser Vorgang ist sehr zeitintensiv und mühsam und muss oft wiederholt werden, um tragfähiges Neuland zu gewinnen.

Es gab eine Zeit, in der ich den Ehrgeiz entwickelte, wieder »ganz gesund« zu werden. In der Euphorie meiner Erfolge und durch das Nachlassen meines Leidensdruckes schien mir dieses Ziel erreichbar. Damit unterschätzte ich die Tiefe meiner Prägungen und ihrer Auswirkungen. Meine Biografie enthält nun einmal machtvolle Ereignisse, die entsprechende Konsequenzen nach sich ziehen.

Dazu gehören unter anderem eine chronifizierte Depression und die überproportionale Anforderung, die jede soziale Interaktion für mich darstellt. Vor diesem Hintergrund werden Partnerschaft, Nähe, Intimität und Sexualität für mich eine lebenslange Schwierigkeit und Herausforderung bleiben, da diese meine seelischen Alarmsysteme maximal aktivieren. Für mich ist deshalb eine kontinuierliche Realitätsüberprüfung notwendig, um emotional nicht »zeitversetzt« zu werden.

Ich habe die Nüchternheit, mit der mich Psychologen und deren Mitarbeiter begleiteten und die ich anfangs als Unverständnis deutete, im Laufe der Zeit sehr schätzen gelernt. Inzwischen ist die Fähigkeit, Distanz einzuhalten, für mich ein deutliches Indiz für professionelle Arbeit im psychischen Kontext. Meine Erfahrungen mit dem »kranken Psychologen« öffneten meinen Blick dafür. Dieser Mensch verließ diese professionelle Distanz und geriet in eine emotionale Verstrickung mit meinen Inhalten.

Das professionell arbeitende Personal in den Kliniken wahrte diese Distanz konsequent und behielt damit einen klaren Blick auf meinen Weg der Entwicklung. Ihre Begleitung umfasste auch, dass sie mich meine Fehler machen ließen und allenfalls meine Schlussfolgerungen daraus korrigierten, was nicht selten nötig war. Ich habe dieses Prinzip: »Hilf mir, es selbst zu tun«, als sehr konstruktiv empfunden.

Dazu gehörte allerdings auch, nüchtern und realistisch die Grenze des Erreichbaren zu erkennen. Meine zwischenzeitliche Zielsetzung, ein Leben ohne traumatische Beeinträchtigung führen zu können, musste der Realität weichen. Der Weg zu dieser Erkenntnis war lang und bitter. Die professionell-distanzierte Begleitung, die mich weder in meiner Euphorie noch in meiner Verzweiflung allein ließ, machte es mir möglich, diese Erkenntnis zu akzeptieren und allmählich zu integrieren.

Da ich allerdings ein »sturer Hund« bin, kommt es bis heute immer wieder vor, dass ich dagegen rebelliere. Inzwischen weiß ich jedoch, dass ich damit die Realität leugne und versuche, die Welt in Scheibenform zu zwingen. An diesem Vorhaben kann ich nur scheitern.

Die Psychiatrie wurde für mich, bildlich gesprochen, zum Baumarkt. Hier konnte ich alles finden, was ich für mein Projekt benötigte. Ich bekam Material, Werkzeuge und Kenntnisse, um all das dann auf meiner Baustelle anzuwenden. Auch dass ich die Berührungsangst vor diesem Baumarkt verlor und dorthin zurückkehrte, um neues Material, andere Werkzeuge und weiter führende Fertigkeiten zu erwerben, passt in dieses Bild.

In mir ist eine große Hochachtung für die Mitarbeiter dieses »Baumarktes« gewachsen. Hier habe ich viele Menschen kennen gelernt, die die Existenz der Seele und deren Bedürfnisse und Nöte nicht nur für möglich halten, sondern sie als fundamentale Tatsache anerkennen. Ohne die Hilfe solcher Menschen hätte ich meinen Weg nicht gehen können!

Manches Mal habe ich so dicht vor der nächsten Tür meiner Entwicklung gestanden, dass ich sie quasi schon mit der Nasenspitze berührt habe. In dieser Position konnte ich aber keine Tür mehr erkennen. Es waren dann diese kostbaren Menschen, die mich nicht etwa auf die Tür hingewiesen hätten, sondern mich darin unterstützten, so viel Abstand zu gewinnen, dass ich den Durchgang wieder selbst sehen konnte. Ich habe diese unbezahlbare Handlungsweise als Respekt und Achtung vor meiner Person empfunden.

*

Vielleicht hört es sich paradox an, wenn ich sage, dass es zum Weg eines psychisch belasteten/geschädigten Menschen gehört, Verständnis für sein Umfeld zu entwickeln. Seelische Störungen und Erkrankungen sind hochwirksam und können den gesamten Organismus beeinträchtigen. Somit sind mitunter die Beschwerden, die ein Betroffener schildert, nicht eindeutig zuzuordnen.

Damit befinden sich diese Menschen im Dschungel der Psychosomatik. Es gibt kaum etwas, das mehr Frustration hervorruft, als Leid/Schmerz zu empfinden und dafür keine eindeutige Ursache ausmachen zu können. Das kann das Empfinden von Unveränderbarkeit und »aushalten müssen« heraufbeschwören. So etwas wie Phantomschmerz.

Dass eine vereiterte Zahnwurzel, wenn sie unbehandelt bleibt, das Potenzial hat, den gesamten Organismus zu vergiften, gehört in unserer Gesellschaft zum Allgemeinwissen. Die Menschen hingegen, die unter einer psychischen Beeinträchtigung leiden und über deren Auswirkungen klagen, genießen diese Akzeptanz oft nicht. Das gilt nach meiner Erfahrung insbesondere für das persönliche Umfeld, aber auch für Vertreter der Schulmedizin, die nicht über das entsprechende Fachwissen verfügen.

Kein Schulmediziner würde jemanden mit Blutvergiftung zur Arbeit schicken. Niemand würde jemanden, der auf einen Rollstuhl angewiesen ist, Treppen steigen lassen. Auch ist nicht zu erwarten, dass ein Mensch mit Gipsbein zu einem Hundert-Meter-Lauf antritt. Das liegt nur daran, dass die Beeinträchtigungen der Betroffenen offen sichtbar sind.

Die Haltung und Erwartung der Gesellschaft gegenüber psychisch erkrankten Menschen ist leider häufig ganz anders. Da sich die Beschwerden psychischer Beeinträchtigungen der offenen Sichtbarkeit und damit auch einer eindeutigen diagnostischen Zuordnung oft entziehen, wird vielen Geschädigten die Nichtigkeit ihres Erlebens suggeriert.

Wenn die Umwelt in dieser Weise reagiert, kann das sehr belastend für den Betroffenen sein. Eine solche Haltung fördert noch die Selbstzweifel des Erkrankten und kann schwerwiegende Folgen haben. Vom persönlichen Umfeld, direkt oder indirekt, hören zu müssen: »Du musst dich einfach nur zusammenreißen …!«, oder: »Du suhlst dich in deinem Selbstmitleid …!«, fügen der ursächlichen Verletzung weitere Verletzungen und Kränkungen hinzu und können einen Menschen dazu bringen, dieses Erleben durch Suizid zu beenden. Als »lebensunfähig« eingeordnet oder gar als »Simulant« betrachtet zu werden, kann die Grenze des Aushaltbaren überschreiten.

Ich halte es für extrem wichtig, dass ein psychisch angeschlagener Mensch dazu ermutigt wird, sein eigenes Erleben ernst zu nehmen, und darin Gehör und Akzeptanz findet. Nur dann ist es ihm möglich, zu einer Selbst-Akzeptanz zu gelangen und vielleicht auch ein Stück weit Verständnis für das Unverständnis seines Umfeldes zu entwickeln.

Meine eigene Biografie betreffend, habe ich gelernt, dass ein wirkliches Verstehen seitens meiner Mitmenschen nicht zu erwarten ist. Ausschließlich Menschen, die selbst Missbrauch erlebt haben, wissen um die weit reichenden Konsequenzen.

Von diesem Standpunkt aus ist es jedem Menschen zu wünschen, dass er »unwissend« bleibt! Diejenigen, die bereit waren, ihr »Wissen darum« mitzuteilen, haben mir geholfen, der Isolation, die gefühltes oder tatsächliches Unverständnis hervorruft, zu entkommen.

Psychologie ist studierbar und es ist ein Segen,

dass es Menschen gibt, die sich in diesem Zweig der Wissenschaft engagieren. Echte Empathie allerdings ist theoretisch nicht zu erwerben und kann nur aus eigener Erfahrung entspringen. Daraus entsteht ein gewisses Dilemma.

Betroffene scheuen häufig den Kontakt zu Psychologen, weil zwar eine Fülle von Kompetenz auf sie zukommt, sie aber keine Empathie spüren. Das kann zu der falschen Schlussfolgerung führen, nicht verstanden zu werden und besser in den Rückzug zu gehen.

Im Austausch mit Menschen, die trotz eigener Missbrauchs-Erfahrung noch im Leben stehen und bereit waren, von ihrem Erleben zu berichten, fand ich echte Empathie, die mir die nötige Zuversicht schenkte, um meinen eigenen Weg zu beginnen. Ein solches Einfühlungsvermögen ist ohne eigene Erfahrung nicht erzeugbar und deshalb von einem Psychologen auch nicht zu erwarten.

Die Bereitschaft Betroffener, über ihre Erfahrungen zu sprechen, gab mir die Gewissheit, in meinem Erleben nicht allein zu sein. Meine tiefe Überzeugung, »falsch« und »lebensunfähig« zu sein, wurde damit ein entscheidendes Stück entmachtet.

Zu akzeptieren, dass vieles von meinem Erleben für meine Umwelt unzugänglich bleibt, war für mich ein wichtiger Schritt zur Selbst-Annahme und bildete die Voraussetzung, trotz möglichem Unverständnis weiter an meiner Genesung zu arbeiten.

*

Während meiner vielen Klinikaufenthalte bin ich den unterschiedlichsten Menschen begegnet. Die Gespräche, die sich daraus ergaben, sind von der Anzahl her sicherlich im vierstelligen Bereich anzusiedeln. Die vielfältige Art und Weise, wie Menschen in die Welt blicken und mit ihren individuellen Schwierigkeiten umgehen, haben meinen eigenen Lebenshorizont ungemein erweitert. Allein ihr Wunsch, die Zusammenhänge verstehen zu wollen, die sie an diesen Ort, die Psychiatrie, gebracht haben, macht diese Menschen für mich besonders. Wenn dann noch die Bereitschaft bestand, sich über Erfolge und Misserfolge auszutauschen, wurden diese Menschen für mich zu wertvollen Begleitern, die meinen eigenen Prozess unterstützten.

Ich bin sehr dankbar für diese Erfahrungen. Der ungezwungene und wertfreie Austausch untereinander wurde für mich immer wieder zur Quelle des Trostes, der Ermutigung – aber auch der Ernüchterung. Trotz der Verschiedenheit der Biografien gab es meistens Parallelen zu meiner eigenen Geschichte.

Durch den ermutigenden Rahmen, den eine

Psychiatrie hinsichtlich offener Gespräche bietet, ist es möglich, zu reflektieren und reflektiert zu werden. Von anderen Lebens-Verläufen zu hören, wirkte für mich häufig wie ein Spiegel. Die Vielzahl dieser Spiegel ergänzte mein Selbstbild stetig und machte auch Facetten meiner Persönlichkeit sichtbar, die mir überhaupt nicht schmeckten. Rückblickend kann ich sagen, dass die Aufdeckung genau dieser abgelehnten Anteile meiner selbst die waren, die am wirksamsten zu meiner Genesung beigetragen haben.

Die Fülle der Eindrücke, die ich in den Zeiten meiner Klinikaufenthalte mit Mitpatienten gesammelt habe, macht es mir schwer, mich zu konzentrieren. Wenn ich meinen Erinnerungen Raum gebe, stehe ich vor einem riesigen Kaleidoskop. Es ist bunt und detailreich, in seiner Größe aber auch einschüchternd und verwirrend. Ich will versuchen, wenigstens einige Aspekte davon in geschriebene Worte zu bringen.

In einer lokalen Akut-Psychiatrie mit dem Auftrag der Erstversorgung kommen alle Betroffenen zusammen, die in irgendeiner Weise »auffällig« geworden und somit nicht mehr vollständig »systemkompatibel« sind. Nervenzusammenbrüche, Alkoholexzesse, Sucht in vielen Erscheinungsformen, Gewalt (Anwendende oder Opfer davon), Folgen von Hochintelligenz und das gesamte Spektrum von schweren Lebensereignissen wie Tod eines Angehörigen, Trennung, Arbeitsplatzverlust, Flashback usw. machen die Auflistung der Ursachen, die einen Weg in die Psychiatrie erforderlich machen können, bei Weitem nicht komplett. Dazu kommen noch all die Menschen, deren Leiden im organischen Bereich keine Erklärung finden und denen daher eine Behandlung in der Psychiatrie angeraten wurde: die Psychosomatiker.

Und es gibt noch solche, die sich eine eingeschränkte Zurechnungsfähigkeit bescheinigen lassen wollen. Kurios, oder? Das Motiv dieser Menschen ist, mittels einer solchen Bescheinigung die Konsequenzen eines richterlichen Urteils zu umgehen. Erfreulicherweise habe ich keinen Menschen kennen gelernt, der damit Erfolg gehabt hätte.

Es gibt die Menschen, die aus eigener Einsicht den Weg in die Psychiatrie finden, und solche, die in irgendeiner Weise von ihrem persönlichen Umfeld geschickt werden. Das können Partner, Ehegatten, Kinder oder Arbeitgeber sein. Diese Menschen haben es besonders schwer, weil ihnen suggeriert wird, dass sie nicht mehr ordentlich funktionieren. Sie glauben an ihren »Defekt« und fürchten ausgegrenzt zu werden, wenn sie diesen nicht schnellstmöglich beheben. Das erzeugt enormen Druck!

Es waren für mich immer glückliche Momente, miterleben zu dürfen, welche Befreiung und Frische aktiviert wurde, wenn es Menschen gelang, diesen Druck zu reduzieren. Lebensfreude, Kreativität und Empfindsamkeit wurden dann häufig in ganz selbstverständlicher Weise sichtbar.

Das Wort »Selbst-Verständlichkeit« möchte ich hier im eigentlichen Wortsinn gebrauchen. Meine Erfahrung ist es, dass Vitalität, Freude und Glück folgerichtige Ergebnisse eines Sich-selbst-Verstehens sind. Dazu gehört natürlich auch, herauszufinden, ob es einen eigenen Beitrag an der belastenden Lebenssituation gibt, und diesen dann zu stoppen.

Diejenigen, die den Mut aufbrachten, diesen Weg der Selbst-Reflexion zu gehen, konnten stets einen enormen Gewinn für ihr Leben verbuchen. Diese Menschen wurden, indem sie ihren Standpunkt bezogen und ihren Lebensraum einnahmen, deutlich sichtbarer: Plötzlich war eine klare Kontur ihrer Persönlichkeit erkennbar und das machte sie interessant und lebendig. Das miterleben zu dürfen, schenkte mir Zuversicht und Motivation. *Das* wollte ich auch!

Ich habe erlebt, dass mit wachsender Selbstachtung und Selbst-Behauptung auch der Respekt der Umwelt zunahm. Wer solches Wachstum erfährt, ist nicht mehr länger Spielball für seine Mitmenschen, sondern spielt aktiv mit.

Eine unübersehbare Veränderung!

Diese Wandlung kann allerdings unbequem für das persönliche Umfeld sein, da es nun einen Menschen mehr gibt, der seinen Raum beansprucht und nicht länger als Schachfigur zur Verfügung steht. Wer in Selbstachtung auftritt, nötigt sein Umfeld, die eigenen Verhaltensweisen anzuschauen und zu hinterfragen. Eine uneingeschränkte Zustimmung hinsichtlich einer solchen Veränderung ist also zunächst nicht zu erwarten. Der ehemals Passive, der plötzlich die Worte »Stopp!« und »Nein!« in seinen Wortschatz aufnimmt, wirkt zunächst einmal ungewohnt und stellt eine Herausforderung dar. Nicht selten zerbrechen Beziehungen durch diese Veränderung, sofern sich das Umfeld nicht darauf einlässt, sodass die Veränderung der Beziehungsstruktur einseitig bleibt.

Doch für den, der an Selbstachtung gewonnen hat, entstehen neue, wertvollere Beziehungen. Der Kreis der Personen, von denen ich sagen kann, dass sie mir wichtig sind, hat sich im Laufe meiner Entwicklungsjahre stark verändert, sowohl hinsichtlich der Anzahl als auch der Qualität der Beziehungen. Die Zahl ist klein, der Wert ist groß! Kostbarkeiten liegen nicht in großen Haufen herum!

Der Nutzen, den die Betroffenen von ihrer Verweilzeit in der Psychiatrie ableiten konnten, war häufig davon abhängig, wie gut es ihnen gelang, die Vorurteile hinsichtlich dieses Ortes beizulegen. Die Furcht vor Stigmatisierung war manchmal so groß, dass sie sich verhielten, als würden sie an einem »verbotenen« Ort etwas »stehlen«. Niemand durfte davon wissen! Leider ist die Furcht vor Stigmatisierung nicht unbegründet, wenn auch unberechtigt. Diese Angst treibt Menschen dazu, zu lügen und ihre »Fehlzeit« in der Gesellschaft als Urlaub oder Kuraufenthalt zu tarnen.

Gesellschaftliche Akzeptanz, Respekt und Achtung gegenüber der Leistung, die in der Psychiatrie erbracht wird, würden vielen Betroffenen helfen, sich nicht »falsch« zu fühlen und sich den umfangreichen Möglichkeiten nicht heimlich und verschämt zu nähern, sondern die Angebote selbstbewusst auszuschöpfen. Wenn die Tatsache, dass Menschen am gesellschaftlichen Umgang miteinander erkranken, nicht mehr als »Burnout« verschleiert werden müsste, wäre bereits viel gewonnen.

Unter den Patienten, die ich in der Psychiatrie kennen lernte, fanden sich auch Ärzte, Anwälte, Beamte und eine Professorin. Diese Frau hat mich nachhaltig beeindruckt. Ich wurde auf sie aufmerksam, als ich mich wieder einmal zu einem Aufenthalt in der »Geschlossenen« entscheiden musste. Das kommt immer dann vor, wenn meinen suizidalen Tendenzen aus dem Ruder laufen und ich ein unmissverständliches »Stopp!« signalisieren muss.

Diese Dame also, von der ich noch nichts wusste, war an ihr Bett fixiert und befand sich in unausgesetzter Gegenwart einer Person vom Wachdienst. Sie redete unaufhörlich, erging sich in langen, scheinbar sinnlosen Monologen, sprach zwar verständlich, aber ohne erkennbaren Zusammenhang und ohne Notiz von ihrer Umwelt zu nehmen. Sie redete einfach, Tag und Nacht, pausenlos, was auf mich zunächst einen befremdlichen Eindruck machte. Ich stellte ein paar Fragen an das Pflegepersonal, bekam aber natürlich keine Antworten. Das, was ich hier erzähle, hat sie mir später selbst berichtet, als ich sie nach meiner Entlassung aus der »Geschlossenen« im klinikeigenen Café ansprach.

Sie erschien mir wie ein anderer Mensch, denn sie war wie ausgewechselt. Eine attraktive Frau, Ende dreißig, solvent, reflektiert, sehr freundlich und achtsam. Sie sagte, sie sei Professorin mit Lehrauftrag und sehr glücklich damit. An ihren zwischenzeitlichen Zustand habe sie kaum eine Erinnerung. Ihr Mann habe sie hergebracht, als sie begann, ununterbrochen zu reden, und nicht mehr ansprechbar gewesen sei. Sie habe dann wohl mehrere Tage und Nächte geredet und sei dann wieder »aufgewacht«. Ende der Durchsage. Es gab weder eine Vorgeschichte noch Hinweise auf eine Störung irgendeiner Art.

Es gibt auch Menschen, die einfach schreien. Nicht zielgerichtet, nicht aggressiv, aber laut und beharrlich. Irgendwann hören sie dann ohne erkennbaren Grund wieder damit auf und alles ist wieder »normal«. Das Leben ist eben manchmal zum Schreien! Eigentlich finde ich es beneidenswert, einen so unmittelbaren Ausdruck für empfundenes Leid zu haben. Es hat für mich etwas erfrischend Kindliches. Kinder tun sich weh und weinen. Dann hören sie wieder damit auf und leben ihr Leben weiter. Ende der Durchsage. Genial.

Doch auch Genialität kann Schwierigkeiten verursachen. Da war der junge Mann, der auf Notenpapier mit Bleistift komponierte, ohne selbst je ein Instrument gelernt zu haben. Und das, was er aufschrieb, war spielbar! Oder der hochintelligente Mathematiker, der, wann immer er Musik hörte, »Anweisungen« von einer imaginären Stimme bekam.

Es hat mich stets beeindruckt, wenn solche Menschen ihre Marotten mit der Haltung: »Ja, so ist das bei mir …«, annahmen und als ihre Realität akzeptierten. Solche Menschen sind, nach meiner Erfahrung, leider in der Minderheit.

Viele meiner Mitpatienten, die ich im Laufe

der Jahre kennen lernte, waren vollzeitig damit beschäftigt, Schuldige für ihr Elend zu suchen. Ich halte es für gut und wichtig, die Schuldfrage für Vergangenes zu klären, aber für noch wichtiger, die Verantwortung für Zukünftiges in die eigenen Hände zu nehmen, statt sie auszulagern. Es *kann* niemand kommen, um meinen inneren Trümmerhaufen zu ordnen oder gar zu beseitigen. Entweder ich mache es selbst, oder er bleibt, wie er ist.

Es gibt Menschen, die ihrem Partner post mortem vorwerfen, gestorben zu sein, und sie somit allein gelassen zu haben. Damit meine ich nicht die Menschen in ihrer natürlichen und wichtigen Trauer! Ich meine diejenigen, für die es eine Frechheit darstellt, sich mit ihrem eigenen Leben beschäftigen zu müssen. So weit kann es gehen! Auch wenn sich das sehr überzeichnet anhört, entspringt es nicht meiner Fantasie.

Für Personen, denen es nicht gelingt, eine solche Haltung abzulegen, ist eine Verweilzeit in der Psychiatrie unerträglich. Es wird daran liegen, dass in der Psychiatrie ganz vorsätzlich hinter die Fassaden geblickt wird. Zwar urteilsfrei und ohne jeden Vorwurf, aber eben doch systematisch.

Endlose Schuldzuweisungen finden hier keine Unterstützung. Jede Unterstützung allerdings gilt denjenigen, die nach einem Weg suchen, um konstruktiv mit der *eigenen* Wahrheit umzugehen. Viele Mitpatienten habe ich vor der Zeit die Klinik verlassen sehen, weil sie dazu nicht bereit waren. Solche Menschen gleichen ein wenig dem Mann in der folgenden kleinen Geschichte:

Der Neurotiker

Ein Mann sitzt im Zug, draußen regnet und stürmt es. Als der Zug hält und nach kurzem Aufenthalt weiterfährt, stöhnt der Mann. Bei den nächsten Stationen das Gleiche: Sobald der Zug fährt, seufzt der Mann laut auf.
Irgendwann fragt ihn der Sitznachbar: »Warum stöhnst du jedes Mal, wenn der Zug weiterfährt?«
Der Mann antwortet: »Ich hätte längst aussteigen sollen, ich fahre in die falsche Richtung.«
»Und warum hast du das nicht getan?«
»Hier drin ist es so schön warm.«

Gleichermaßen beeindruckt wie befremdet bin ich von Menschen, die so viel von ihrer Intelligenz halten, dass sie engmaschig darauf hinweisen müssen. Solche Menschen sind zu intelligent, um Hilfe zu benötigen, und fühlen sich dazu berufen, ihren eigenen Lebensentwurf anderen ungefragt überzustülpen: »Mach es doch so und so, dann wird alles wieder gut!«

Personen mit dieser Haltung finden sich oft unter den Besuchern von Patienten in der Psychiatrie. Sie suggerieren, das Leben im Griff zu haben, und beweisen das Gegenteil, in dem sie jede Form der eigenen Berührung mit unangenehmen Lebensthemen vehement unterbinden. Ihr eigenes Welt- und Selbstbild anzuzweifeln, würde Selbstbewusstsein voraussetzen und ist somit ausgeschlossen. Für jemanden, der um psychische Genesung ringt, sind solche Menschen nichts weniger als hilfreich.

Jeder Mensch ist frei in seiner Entscheidung, wenn er bereit ist, die Konsequenzen daraus zu tragen. Solche Entscheidungen gilt es zu akzeptieren, auch wenn der betreffende Mensch darauf besteht, dass die Welt eine Scheibe sei. Das ist sein Privatvergnügen. Nicht zu akzeptieren ist allerdings, wenn er diese Sichtweise anderen aufzuzwingen versucht, um die Realität zu ignorieren, und dann die Verantwortung dafür ablehnt.

Dort, wo Hilfe greifbar ist, weil sich Menschen professionell und wertschätzend mit den Ausdrucksformen des Lebens beschäftigen, also in der Psychiatrie, ist es nicht möglich, die Realität dauerhaft auszublenden. Ich habe Hochachtung vor den Mitpatienten, denen es gelang, ihre Rechthaberei abzulegen, und mir so zum Beispiel wurden. Von ihnen habe ich gelernt, dass es gegenüber dem eigenen Umfeld unfair ist, verfügbare Hilfe abzulehnen, nur um sich nicht bewegen zu müssen.

Es ist schön, wenn es ein gewisses Verständnis für meine Einschränkungen gibt, insbesondere dann, wenn meine »Lieben« davon mitbetroffen sind. Ein Recht darauf habe ich nicht, es ist ein Geschenk! Ich habe auch nicht das Recht, alle meine Befindlichkeiten unreflektiert in die Welt zu kippen und damit Last auf Schultern zu legen, die unbelastet bleiben sollten.

*

Ein Aspekt in meinem Leben, mit dem ich mich intensiv beschäftigt habe, ist das Thema »Lebensleistung«. Einige Anläufe waren nötig, um etwas dazu zu schreiben. Bei manchen Spaziergängen habe ich dieses Thema gedanklich bewegt und schließlich mehrere Entwürfe dazu angefertigt. Bei deren Durchsicht hat sich eine Aussage klar herauskristallisiert. Es ist das große Bedürfnis: *Ich wünsche mir so sehr, dass du meinem »Sein« zustimmst!*

Im Umkehrschluss ist mir deutlich klar geworden, wie tief mich eine Ablehnung deinerseits treffen würde.

Dieser schwierige Prozess hat mir noch einmal vor Augen geführt, wie fundamental wichtig es für meine Seele ist, dass *ich selbst* zu mir stehe. Es wird mir weiterhin eine Übung bleiben, meinem Leben und meinem Weg darin selbst Anerkennung zu schenken.

Noch immer gibt es in mir eine raumgreifende Sehnsucht nach einem fetten und satten »JA!« zu mir. Diese Sehnsucht richtet sich vordergründig auf dich. Letztlich weiß ich aber, dass diese Zustimmung nur von mir selbst kommen kann.

Rational habe ich mich dahin gearbeitet, mein schlichtes Da-Sein als Beweis für meine Existenzberechtigung zu sehen. Für meine emotionale Verankerung bietet dieser Beweis allerdings keinen Halt. In diesem Zusammenhang stehe ich noch auf wackeligen Beinen.

Die Arbeit an diesem Teil meines Briefes an dich hat die ernüchternde Erkenntnis hervorgebracht, dass ich meine Sehnsucht nach »willkommen sein« und diesem »JA!« zu mir, noch immer nach außen richte. In diesem speziellen Zusammenhang eben auf dich! Ich will dies berücksichtigen und im Folgenden wieder zu *mir* kommen.

Mein Wunsch, dir gefallen zu wollen und dir einen Grund zu liefern, stolz auf mich zu sein, hat in meinen Entwürfen zu kuriosen Auflistungen geführt. Darin habe ich die verzweifelte Stimme meines inneren Kindes gehört: *Schau doch, was ich alles habe und was ich alles kann!* Und auch die bange Frage: *Reicht das aus, um lieb gehabt zu werden?*

Um dieses verletzte Kind zu schützen, werden diese Auflistungen *jetzt und hier* keinen Raum bekommen. Ich kenne ja deren Inhalt und werde die Fürsorge dafür selbst übernehmen.

Das wäre bereits ein Punkt, den ich auf meine Lebens-Leistungs-Liste notiere: Meinem inneren Kind Gehör verschafft zu haben, es ernst zu nehmen und es weder allein zu lassen noch ihm die Führung zu geben.

Ein weiterer wichtiger Punkt ist, dass es mir gelang, den roten Faden des Verschweigens in meiner Familientradition zu zertrennen und es anders zu machen.

Für mich ist es auch eine große Leistung, immer wieder Kraft und Mut aktiviert zu haben, um aus Trümmern Neues zu bauen und damit meinen begrenzten »Lebens-Spielraum« stetig erweitert zu haben.

Besondere Freude bereitet es mir, während meines »Selbst-Studiums« offen und authentisch geblieben zu sein. Auch das halte ich für eine Leistung.

Mit der Lebens-Leistung, dir diesen Brief schreiben zu können, möchte ich dieses Kapitel für jetzt und hier schließen.

*

In diesem Kapitel sind einige wenige Stichworte enthalten, über die ich so gern mit dir sprechen würde. Vielleicht auf einer Café-Terrasse, in der

Sonne sitzend.

Ich möchte dir erzählen, wie ich über ... denke:

... Frauen

Ich halte Frauen für »andere« Geschöpfe. Meine Meinung entstand aus umfangreicher persönlicher Erfahrung und wurde, nachdem ich begonnen hatte, den Brief meines Schöpfers an mich zu lesen, von dieser Information gestützt:

Und Gott sprach: Lasst uns Menschen machen,
ein Bild, das uns gleich sei (...)
Und Gott schuf den Menschen ihm zum Bilde,
zum Bilde Gottes schuf er ihn;
und schuf sie einen Mann und ein Weib. (...)
(1. Mose 1, 26,27)

Ich interpretiere das so, dass das, was der »Erdenker« des Menschen will, so groß und bedeutend ist, dass es der Vorstellungskraft des Geschöpfes verborgen bleibt und nicht in *einem* Geschlecht unterzubringen ist.

Frauen verfügen damit über eine Ausstattung, die für mich als Mann unerreichbar bleibt. Dieser »Zutat«, die die Voraussetzung für Entwicklung im Sinne des »Erfinders« ist, kann ich nicht vorsätzlich habhaft werden. Sie wird ausschließlich in der Freiheit des Geschenkes wirksam. Wachstum, im Sinne des »Erfinders«, geschieht dann, wenn geschenkt wird. Fehlt die Freiheit des Schenkens, bleibt das Geschöpf weit hinter seinen Möglichkeiten zurück.

Wenn ich mein Verhältnis zu Frauen beurteilen sollte, würde ich das Wort »gestört« verwenden. Ich würde nicht so weit gehen, es als »krank« zu bezeichnen. Vielleicht passt die Vorstellung einer Bild-Störung auf dem Fernsehschirm ganz gut dazu in der Form einer unscharfen Darstellung mit Farb-, Ton- oder Totalaussetzern.

Die tatsächlich krankhafte Haltung gegenüber Frauen lernte ich über einen Mitpatienten in einer Fachklinik kennen. Dieser war ebenfalls Missbrauchs-Überlebender und litt vor dem Hintergrund seiner Erfahrungen an Pädophilie. Er hatte massive Probleme mit seiner Sexualität und fühlte sich in diesem Zusammenhang ausschließlich und machtvoll von Kindern angesprochen. Erlebte Ohnmacht in lustvolle Macht verwandeln zu wollen, war sein Thema.

Ich habe den allergrößten Respekt vor diesem Menschen, denn er verfügte über ein so hohes Maß an Selbst-Reflexion und Verantwortungsbewusstsein, dass er Hilfe suchte, bevor er diesem Drang erlag und sein Krankheitsbild in Handlung brachte.

Meine Störung gegenüber Frauen besteht in der Polarität zwischen »Unterwerfung« und

»Bekämpfung«, begleitet von einem Pauschal-Misstrauen hinsichtlich dieses Geschlechtes. Das vordergründige »Funktionieren« meiner Liebesbeziehungen, bis zu einem gewissen Punkt, verzögerte lange Zeit eine wichtige und grundlegende Erkenntnis.

Zu dieser Erkenntnis kam ich während eines weiteren Aufenthaltes in einer Fachklinik mit Trauma-Fokus, der erst einige Jahre zurückliegt. Dort lernte ich meine derzeitige Partnerin kennen. Ich hatte wegen der vielen gescheiterten Versuche den Lebensentwurf »Zweierbeziehung« für mich abgehakt. Ich wollte nichts weniger als eine Liebesbeziehung beginnen.

Einmal mehr aber entschied das Leben anders. Da ich nicht an Zufälle glaube, gab ich dem tiefen Empfinden von *innerer* Verbindung Raum und schenkte der weiteren Entwicklung meine Zustimmung. Da ich deutlich später und mit anderer Thematik in der Klinik angekommen war, verliefen unsere Verweilzeiten nicht parallel. Irgendwann stand ihre Entlassung an.

Da ich mich zur Bearbeitung meiner Themen geöffnet hatte, war ich erreichbar für eine Flut kindlicher Not, die ich nicht erwartet hatte. Das übermächtige Empfinden von Verlassenheit und Verrat, das ihre Entlassung hervorrief, riss mich von den Füßen. Es war nun ein glücklicher Umstand, dass ich mich in einer Klinik befand und mein Erleben artikulieren und thematisieren konnte. *Ich habe mich dir anvertraut und du verlässt mich …* bildete den Kern der Verzweiflung meines inneren Kindes.

Die Erkenntnis nun, die ich mich dort erreichte, war, dass ich ausnahmslos jeder meiner bisherigen Partnerinnen die Verantwortung meiner Mutter übertragen hatte. Diese bestand darin, mich »bedingungslos« anzunehmen und zu lieben. Dieses »Versprechen« liegt wohl in der Natur einer jeden Frau, weil sie fähig ist, neues Leben zu gebären.

Unbewusst habe ich die Erfüllung dieses Versprechens bei jeder meiner Partnerinnen eingefordert. Rational betrachtet ist klar, dass dieses Versprechen nur in einer begrenzten Zeitspanne, eben des Kleinkindalters, einlösbar ist.

Da mein inneres Kind zu dieser Zeit aber unversorgt blieb, wuchs es an dieser Stelle auch nicht und ließ nicht davon ab, das Entbehrte auch noch im Erwachsenenalter zu fordern. Da dieser Forderung, trotz aller Bemühungen nicht entsprochen wurde, unterstellte ich unbewusst allen meinen bisherigen Partnerinnen, dass sie mir vorsätzlich etwas vorenthielten.

Diese Erkenntnis kostete mich den Verlust einer Illusion und brachte mich, schmerzhaft zwar, aber doch hochwillkommen, in die Realität! Das Warten auf etwas, das nie eintreten konnte, war zu Ende! Ich musste beinahe fünfzig Jahre alt werden, um zu erkennen, welche Erwartung ich ohne Bewusstsein in Richtung meiner bisherigen Partnerinnen transportiert hatte. Für mich war es nun kein Mysterium mehr, warum all meine Beziehungen gescheitert waren.

Was ich erwartete, hätte nur in der Vergangenheit stattfinden können. Mein kindliches Bedürfnis fand ausschließlich im Zeitfenster des Kleinkind-Stadiums seine Berechtigung. Mir war weder bekannt noch bewusst, wie weitreichend, machtvoll und beharrlich unerfüllte »Versprechen« an das innere Kind wirken.

Zu dieser Zeit wurde mir bewusst, dass ich keine Schuld an den Dissonanzen der Vergangenheit trug, jetzt aber die Möglichkeit bekam, Einfluss auf Zukünftiges zu nehmen.

*

… *Männer*

Ich halte Männer für »andere« Geschöpfe. Meine Meinung entstand aus umfangreicher persönlicher Erfahrung und wurde, nachdem ich begonnen hatte, den Brief meines Schöpfers an mich zu lesen, von dieser Information gestützt:

> *Und Gott sprach: Lasst uns Menschen machen,*
> *ein Bild, das uns gleich sei (…)*

Und Gott schuf den Menschen ihm zum Bilde,
zum Bilde Gottes schuf er ihn;
und schuf sie einen Mann und ein Weib. (…)

Ich interpretiere das so, dass das, was der »Erdenker« des Menschen will, so groß und bedeutend ist, dass es der Vorstellungskraft des Geschöpfes verborgen bleibt und nicht in *einem* Geschlecht unterzubringen ist.

Männer verfügen damit über eine Ausstattung, die für eine Frau unerreichbar bleibt. Dieser »Zutat«, die die Voraussetzung für Entwicklung im Sinne des »Erfinders« ist, lässt sich nicht vorsätzlich habhaft werden. Sie wird ausschließlich in der Freiheit des Geschenkes wirksam. Wachstum, im Sinne des »Erfinders«, geschieht dann, wenn geschenkt wird. Fehlt die Freiheit des Schenkens, bleibt das Geschöpf weit hinter seinen Möglichkeiten zurück.

Mann zu sein, oder besser, Mann zu werden, hat sich für mich als ein schwieriges Unternehmen herausgestellt. Insbesondere deshalb, weil es mir an Männern mangelte, die als »gutes« Beispiel dienen konnten. Der Vater ist unzweifelhaft fundamental wichtig für einen Sohn. Dennoch ist er nur *ein* Mann! Für eine gewisse Zeit, kann er Vorbild oder vielleicht sogar Idol für seinen Nachkommen sein. Wenn sich ein Mann aber für das Maß aller Dinge hält, so wie mein Stiefvater, verlässt er bewusst oder unbewusst die Realität.

Nach meiner Überzeugung kann niemand sämtliche Anteile, die Mann-Sein meint, auf sich allein vereinigen. Wenn einem Mann eine eigene Entwicklung möglich war, wird er über das Selbstbewusstsein verfügen, das zu erkennen. Das bedeutet auch, dass er sich hinsichtlich seiner Defizite nichts vormacht. Wenn dieser Mann eine solche Entwicklung genossen hat, wird er seinen Sohn ermutigen, sich auch an anderen Männern zu orientieren und diese für sich zu prüfen.

Damit spricht der Vater seinem Sohn Freiheit zu und entlässt ihn aus der Eingeschränktheit seiner eigenen Weltanschauung. Zugegeben, ein solches Handeln bedarf einer gewissen persönlichen Größe, welche nur aus einer vollzogenen Entwicklung erwachsen kann. Ein glücklicher Sohn ist es, der eine solche Ermutigung und Erlaubnis bekommt. Er darf seinen eigenen Weg und Platz im Mann-Sein finden, weil sein Vater es ihm zutraut und ihn nicht mit seinen eigenen Sorgen und Ängsten behelligt, sondern seine Verantwortung dafür übernimmt.

Es ist auch möglich, sich diese Erlaubnis an einer Stelle seines Lebens selbst zu geben. Bei mir war es so, denn von meinem Stiefvater erhielt ich diese Erlaubnis nicht. Er verfügte nicht über die nötige persönliche Größe, mir diese Freiheit zu geben, da er einer eigenen Entwicklung entbehrte. Als Kind bekam er nicht die Erlaubnis, seinen Horizont zu erweitern, und als Mann entschied er sich dagegen. Meine Entwicklung wurde dadurch nicht verhindert, sie setzte nur später ein und erfuhr eine gewisse Einschränkung.

Ich bin immer sehr interessiert und neugierig, wenn mir »männliche« Anteile unter meinen Artgenossen begegnen. Für mich ist es wohltuend und nährend, wenn ein Austausch unter Männern möglich ist. Dann ergibt sich manchmal die Möglichkeit, die begonnene Sammlung, an der ich mich auszurichten versuche, zu ergänzen – auch wenn ich der Überzeugung bin, dass ich sie niemals komplettieren werde.

Ein entwickelter Mann …
… kennt seinen Schmerz.
… kennt seine Defizite.
… arbeitet kontinuierlich an Bewusstwerdung.
… versteht Frauen als Ergänzung.
… macht Feminismus gegenstandslos.
… ist fähig, Eigennutz zu erkennen und gegenteilig zu handeln.
… ist empfindsam, berührbar und kreativ.
… weiß um die Bedeutung von Spiritualität.
… verkörpert Entschlossenheit, Entscheidungsfähigkeit und Stärke.
… ist fähig, ohne Scham zu weinen.
… hat seine Verantwortung erkannt und handelt

entsprechend.

… hat die Verlogenheit des Geldes (wenn es sich als Motiv aufbläht) durchschaut.

… ist gleichermaßen Baumeister, Künstler und Heiler.

… ist unbeeindruckt von materiellen Statussymbolen.

… *Alkohol*

Gern würde ich wissen, wie du zum Alkohol stehst. Wäre es möglich, mit dir die Unterschiede zwischen Genuss, Konsum und Missbrauch zu beleuchten? Für mich ist der Alkohol Teil meiner Lebensgeschichte. Zunächst passiv. Ich erinnere mich lebhaft an die Situationen, in denen mein Halbbruder und ich ins Wohnzimmer schlichen, in der Absicht, einen Schluck Cola zu ergaunern. Wir waren oft erfolgreich, denn sehr häufig fanden wir unter dem Couchtisch eine fast geleerte Flasche Weinbrand und, was das Ziel unserer Begehrlichkeit war, den Rest aus der Cola-Flasche.

Weinbrand-Cola-Getränke waren auch zentraler Bestandteil aller Familien-Festlichkeiten. Ebenfalls gut erinnere ich mich an den Emotionsumschwung, der in diesen Gesellschaften von verhaltener Aggression in schlüpfrige Rührseligkeit mutierte, wenn diese Getränke zum Einsatz kamen. Und das war immer der Fall. Widerlich! Nicht den Konsum als solchen empfand ich als widerlich, sondern die drastische Veränderung der Energie, die er hervorrief.

Die Konflikt-Herde, die anfangs verdeckt und verleugnet, für mich als hypersensitiven Menschen aber spürbar waren, wurden plötzlich, mittels Alkohol, in einen Raum des gemeinsamen Erlebens befördert. Die Substanz erfüllte insofern ihren Auftrag, als sie die Hemmschwelle der Kommunikation senkte und zudem betäubend wirkte.

Das Ergebnis war stets ein lallendes Gelaber, das weder Sinn noch Ergebnis enthielt. Zunächst war ich irritiert von diesem Verlauf. Irgendwann allerdings wurde mir klar, dass sich diese Menschen allesamt nicht leiden konnten und dass allein der Alkohol ihre Zusammenkünfte erträglich machte. Als ich in einem angemessenen Lebensalter war, verweigerte ich die Teilnahme an diesen Treffen.

Die Wirkung allerdings, die Alkohol haben kann, prägte sich tief in mein Bewusstsein ein. Noch heute missbrauche ich Alkohol, um einen klaren Blick auf die Realität zu umgehen. Ich saufe mich dann in einen Zustand der Erträglichkeit. Der Alkohol wirkt auf mich dann wie der Weichzeichner in einer Bildbearbeitung, macht alles annehmbarer, angenehmer und wohltuend unscharf.

Heute ist Alkohol für mich eine Substanz, die

ich mit größtem Argwohn betrachte. Mein Missbrauch dieser Substanz ist eindeutig. Nie habe ich dem Alkoholkonsum einen Genuss abgewinnen können. Nur wenn ich die Absicht, die Realität nicht ungeschminkt anschauen zu müssen, als Genuss deklariere, kann ich der Idee des Genusses zustimmen. Das Trinken eines alkoholfreien Bieres lässt mich vollständig unbefriedigt zurück, weil es zwar den unangenehmen Geschmack, aber nicht die erwünschte Wirkung mitbringt.

Es gab Zeiten, in denen ich trotzig entschlossen war, Alkoholiker zu werden, weil ich in stationären Aufenthalten erlebte, wie Menschen, die an dieser Erkrankung litten, die Hilfsangebote förmlich aufgezwungen wurden. Dass ich als Trauma-Patient um jede Hilfestellung kämpfen musste, empfand ich als ungerecht. Für einen Alkoholiker war nach der stationären Entgiftung eine anschließende Langzeittherapie oft sofort verfügbar, während ich, mit meiner Indikation, Wartezeiten von bis zu 26 Monaten hinnehmen musste.

Ich halte mich für einen psychischen Alkoholiker, auch wenn diese Indikation schulmedizinisch nicht existiert. Im klassischen Sinne bin ich es definitiv nicht, das haben mehrere Testverfahren ergeben, die ich selbst angestrebt habe.

Der Alkohol äußert ein Versprechen, das er niemals einhält – und trotzdem erliege ich ihm immer wieder!

»Dumm ist, wer Dummes tut!« (Zitat aus ›Forest Gump‹)

... Angst

Schon oft ist mir auf meinem therapeutischen Weg eine merkwürdige Bewunderung zuteil geworden: »Ich wünschte, ich wäre so mutig wie du!« Diese Menschen glaubten, ich hätte keine Angst. Welch grandiose Fehleinschätzung! Nicht die Abwesenheit von Angst lässt den Mut in Erscheinung treten, sondern das genaue Gegenteil!

Ich habe die Angst kennen gelernt – als lähmendes Hemmnis ebenso wie als beschützendes Signal. Meine Kindheit und mein Heranwachsen waren durchsetzt von Angst. Ich habe lernen dürfen, dass die Angst nicht *gegen* mich ist, sondern die Aufgabe hat, meine Aufmerksamkeit zu wecken.

Angst hat keine Führungsqualitäten, sie sendet lediglich Botschaften. In die Führung drängt sie allerdings, wenn ich ihre Botschaften überhöre. Wenn ich ihre Meldungen prüfe, beruhigt sie sich und ordnet sich meiner Entscheidung unter. Damit ist die Voraussetzung dafür geschaffen, dass der Mut seinen Beitrag leisten kann.

In der ganzen Bandbreite sozialer Interaktionen ist es die Liebesbeziehung, die für mich das höchste Potenzial an emotionaler Verletzung darstellt. Je mehr Nähe ich zulasse, umso engmaschiger empfange ich die Botschaften der Angst.

Ich halte es für meine Aufgabe und Verantwortung, die Angst wieder von ihrer starken Position zu befreien, die ihr durch die Ereignisse meines Lebens übertragen wurde. Ich habe erfahren, dass dies durch Bewusstwerdung und konsequente Realitätsüberprüfung möglich ist.

… *das Lebensende*

Der *Tod* markiert das Ende meines irdischen Daseins. Punkt. In dieser Funktion ist er mir hochwillkommen. Ich habe gelernt, dass der Tod keine Instanz ist, die selbstständige Entscheidungen treffen könnte. Als Angst-Erzeugungs-Mittel fällt er für mich aus. Ich halte den Tod nicht für eine Form der Bestrafung.

Für mich ist er ein Dienstleister des Lebens, der den Auftrag hat, die »letzte Tür« zu öffnen, die in etwas Neues, völlig Unbekanntes führt. Ich habe den Tod schon manches Mal gerufen, um ihn zu bewegen, mir diese Tür zu öffnen. Und ich habe ihn nach dem befragt, was hinter der letzten Tür verborgen ist.

Er hat mich wissen lassen, dass es ihm nicht anvertraut ist, was sich im »Dahinter« befindet. Er war nie dort, denn für ihn gibt es an diesem Ort keine Existenzberechtigung.

Ich schätze Dienstleister, die zuverlässig ihre Arbeit tun und bei dem bleiben, was sie können!

Als Bestandteil des irdischen Lebens wird der Tod, genauso wie die Geburt, seinen Dienst leisten, bis diese »Türen« nicht mehr gebraucht werden. Darin liegt für mich nichts Furchterregendes.

Was ich allerdings fürchte, sind Krankheit, Schmerz und Ohnmacht, die sich vor der »letzten Tür« befinden können.

Der *Suizid* hat für mich eine ganz andere Bedeutung als der natürliche Tod. Ihm will ich immer dann glauben, wenn Schmerz, Scham und Depression mir die Nüchternheit rauben und bis zur Unerträglichkeit anwachsen. Er ist ein zwielichtiger Geselle, der es gut versteht, sich als Lösung zu präsentieren. Er ist mir dann wie eine Tresenbekanntschaft, die mittels ausreichend Alkohol vom Fremden zum »Freund« wird, indem er mir sagt, was ich hören will: wie einfach es mit ihm wäre, die Ohnmacht zu besiegen und zur Ruhe zu kommen. Er stellt mir dann das Ende meiner Kämpfe und der Lebens-Müdigkeit in Aussicht. Was für ein Angebot!

Einmal bin ich bereits diesem Angebot erlegen, doch es war ihm nicht möglich, sein Versprechen einzulösen. Eine höhere Instanz griff ein. Und so war es die Nüchternheit, der sich jeder Rausch, ob durch Alkohol oder Elend hervorgerufen, fügen muss, die mich wieder einholte. In ihrem Licht wurde der gewaltsame und anmaßende Charakter meines Saufkumpanen sichtbar. Der Kater nach einem solch »pathetischen« Gelage ist unbeliebt, aber folgerichtig.

Ich finde mich immer wieder mal am Tresen in seiner zwielichtigen Gesellschaft und habe aufgehört, ihm abzuschwören, denn darin bin ich unglaubwürdig.

Der Abend
macht mir klar,
dass ich keine Kraft mehr habe
für den restlichen Weg.
Der Morgen
lächelt mich an
und schenkt die Kraft
für *einen* weiteren Schritt.

Wenn er so etwas von mir hört, verlässt er den Tresen, denn gegenüber dem *Glauben* ist er machtlos.

... *Psychopharmaka*

Mit professioneller Anleitung, sorgfältig ausgewählt, können solche Medikamente eine Hilfestellung bieten, um psychische Arbeit zu ermöglichen oder fortzusetzen. Die Arbeit *übernehmen* können sie definitiv nicht! Das ist meine Erfahrung.

Zu Anfang meines Weges durch die eigene

Psyche glaubte ich noch, dass die Einnahme eines Medikamentes die Lösung meiner Schwierigkeiten sein könnte. Ich wusste nichts über Psychopharmaka, daher schlug ich in meiner Vorstellung die Brücke zu Schmerzmitteln. Nach dem Prinzip: Mir tut etwas weh, ich nehme ein Mittel und der Schmerz verschwindet.

Es wurde mir schnell klar, dass dieser Erfahrungswert nicht auf Psychopharmaka übertragbar ist. Zwar gibt es in seltenen Fällen psychiatrische Indikationen, bei denen die Zufuhr eines fehlenden Wirkstoffes ausreicht, die Problematik zu beheben, in meinem Fall trifft das aber leider nicht zu.

Die Medikamente, die ich im Laufe der Jahre einnahm, hatten vorwiegend die Aufgabe, mich in einen therapiefähigen Zustand zu versetzen oder diesen zu erhalten. Sie dienten mir dazu, mein Stress-Level so weit in den Normbereich zu bringen, dass ich überhaupt in der Lage war, einen Nutzen aus therapeutischen Möglichkeiten zu ziehen.

Die Nachbearbeitung traumatischer Ereignisse bedingt das erneute emotionale Durchleben dieser Situationen und ist deshalb extrem anstrengend und belastend, sowohl mental als auch körperlich. Diese ungewohnten Anforderungen machten es mir oft schwer, »auf den Beinen« zu bleiben. In diesem Bild gesprochen, waren die

Psychopharmaka für mich eine Geh-Hilfe, nicht weniger, aber auch nicht mehr. Ich kann von Glück sagen, dass ich an einen hochprofessionellen und verantwortungsbewussten Psychiater geriet, der mich über die gesamte »heiße Phase« meiner Therapiezeit medikamentös begleitete.

Geeignete Mittel zu finden, die situationsbedingt die gewünschte Wirkung entfalten, ist nicht leicht, denn jeder Organismus reagiert anders. Ich bin sehr dankbar dafür, dass dieser Arzt mich nie im Unklaren ließ hinsichtlich der zu erwartenden Wirkung, möglichen Nebenwirkungen und des Suchtpotenzials. Er ermutigte mich stets, ihm von meinem persönlichen Eindruck zu berichten, um nötigenfalls eingreifen zu können.

Ich lernte in verschiedenen Kliniken Betroffene kennen, die dieses Glück nicht hatten. Diese Menschen mussten dann ihre gesamte Verweilzeit, die eigentlich der Psychotherapie gewidmet war, dazu aufwenden, zunächst eine Medikamenten-Sucht abzulegen, denn aktives Suchtverhalten schließt Therapie aus!

Für Alkoholiker existiert ein zielführendes Konzept. Es beginnt mit einer klinischen Entgiftung und bietet danach eine Langzeittherapie über drei Monate an. Für Hilfesuchende mit psychischen Indikationen gibt es ein solches Konzept nicht.

In meinem Fall unterstützte mich die Medikation für einige Jahre zuverlässig, bis die Wirkung eines Tages schleichend aussetzte. Mir wurde erklärt, dass dies nichts Ungewöhnliches sei, da die zuständigen Rezeptoren im Gehirn manchmal die Aufnahme des Wirkstoffes einstellten. Die Suche nach einer alternativen Medikation stellte sich jedoch als ebenso aufwendig wie unbefriedigend heraus. Nach einer geraumen Zeit der Versuche, in der ich ausschließlich von Nebenwirkungen berichten konnte, gingen mir die Kraft und auch der Wille aus, diese Suche fortzusetzen. Mein Körper rebellierte förmlich gegen die Zufuhr dieser Substanzen und letztlich hörte ich auf diese innere Stimme und entschied mich gegen weitere Medikamente.

Ich glaube, dass mein Körper mir signalisierte, diese Wirkstoffe nicht mehr zu brauchen. Schließlich hatte ich die Zeit der Wirksamkeit intensiv genutzt, um meinen Lebensstatus positiv zu verändern. Demnach stand ich also an einem anderen Punkt meiner Entwicklung und mein Körper wies mich auf die Notwendigkeit einer Neuorientierung hin.

Was für eine lange Zeit Hilfestellung war, bereitete mir nun Schwierigkeiten und stand mir im Weg. Ich habe daraus gelernt, dass es sehr wichtig ist, den eigenen Entwicklungsstatus immer wieder zu aktualisieren und vermeintliche Hilfsmittel auf ihre Wirksamkeit zu prüfen. Ich freue mich, dass mein Körper noch in der Lage ist, eine solch gesunde Reaktion zu zeigen!

Allzu schnell wird es zur Gewohnheit, eine Pille zu schlucken und ihr eine Bedeutung anzudichten, die nicht mehr der aktuellen Situation entspricht. So als wollte man den Rollstuhl nicht verlassen, obwohl die Frakturen in beiden Beinen bereits verheilt sind.

Nach anfänglichen Unsicherheiten stabilisierte sich meine Psyche so weit, dass die Zuversicht in mir wuchs, auch ohne dauerhafte Medikation auszukommen. Meine Zuversicht wurde nicht enttäuscht und heute habe ich lediglich eine Bedarfsmedikation, auf die ich sporadisch zugreifen kann, um die periodisch auftretenden psychischen Turbulenzen zu begrenzen.

… *Hugo (der Haushund)*

Hugo ist der Hund meiner Partnerin. Er besteht zum überwiegenden Teil aus Terrier. Selbsternannte Tierschützer haben ihn aus seinem Straßendasein in Spanien »gerettet« und dann in Deutschland zur Adoption freigegeben. Wenn man ihn streichelt, begegnet man Spuren seiner Vergangenheit. Unter seiner Haut befinden sich noch einige Schrotkugeln, die wohl damals sein Leben beenden sollten.

Hugo ist auf *Überleben* konditioniert. Eine Prägung, die er niemals verlieren wird. Zu seinen hervorstechendsten Charakterzügen gehören Eigensinn, Sturheit und Gier. Er zeigt wenig Interesse an Artgenossen und spielt nicht mit ihnen. Seine größte Aufmerksamkeit hingegen erregen herumliegende fressbare Abfälle und Mülleimer. Auch sein Jagdinstinkt ist gut entwickelt.

Ich empfinde es als mühevoll, ihm die Verhaltensweisen aufzuzwingen, die für ein akzeptiertes Leben unter Menschen vorausgesetzt werden. Nur widerwillig und unter Druck fügt er sich in eine Haltung, die von Gehorsam noch weit entfernt ist. Er braucht sehr engmaschige Erinnerungen, dass nicht er es ist, der die Entscheidungen trifft.

Fehlen diese Kommandos, wenn auch nur kurzzeitig, übernimmt Hugo fast augenblicklich die Führung und geht eigene Wege. Auch wenn er an der Leine laufen muss, reizt er diesen Bewegungsspielraum bis zum letzten Millimeter aus. Er geht mir häufig mächtig auf die Nerven. Aber er ist nun mal da.

Deshalb kümmere ich mich mit um seine Bedürfnisse. Wenn ich die für mich notwendige Zeit in der Natur verbringe, darf er mitgehen, auch wenn ich einen Spaziergang allein vorziehen würde.

Sein Verhalten, durchsetzt von Zerren, Fordern und Sturheit, veranschaulicht mir sehr lebendig das Wesen der verletzten Gefühle, die meiner eigenen Vergangenheit entspringen. Wenn mir jemand zu nahe kommt, werden auch die Schrotkugeln in meiner Seele spürbar. Ich empfinde es als mühsam, diese Emotionen so weit zu regulieren, dass ein Leben innerhalb sozialer Interaktionen möglich ist. Nur widerwillig und unter Druck geben diese Gefühle ihren Führungsanspruch ab. Sie brauchen sehr engmaschige Erinnerungen, dass nicht sie es sind, die die Entscheidungen treffen.

Fehlen diese Erinnerungen, wenn auch nur kurzzeitig, übernehmen diese Emotionen fast augenblicklich die Führung und benutzen unbeteiligte Personen oder Situationen als Projektionsfläche für Ereignisse der Vergangenheit. Auch wenn diese Gefühle kontrolliert »an der Leine laufen«, reizen sie diesen Bewegungsspielraum bis zum letzten Millimeter aus. Das geht mir häufig mächtig auf die Nerven. Aber sie sind nun mal da.

Deshalb kümmere ich mich um ihre Bedürfnisse. Wenn ich die für mich notwendige Zeit in der Natur absolviere, gehen diese Gefühle mit, auch wenn ich einen Spaziergang allein vorziehen würde.

Für mich sind das oft Gebets-Zeiten. Ich danke meinem Schöpfer, und auch Hugo, dem räudigen Straßenköter, für diese Lektion!

*

Erst seit einigen Jahren weiß ich sicher, dass ich hypersensitiv bin. In einer Klinik mit Trauma-Fokus wurde ich darauf hingewiesen und gebeten, einmal einen Test zu machen. Diese Tests sind inzwischen im Internet verfügbar. Mein Ergebnis war überdeutlich. Es hat mich getröstet, dass die Andersartigkeit meiner Wahrnehmung nicht pathologisch ist.

Es handelt sich bei der Hypersensitivität nicht um eine Krankheit, sondern um eine Anlage. Manche Quellen sprechen auch von einer Begabung. Ich erinnere mich gut, dass ich als Kind häufig als »Sensibelchen« bezeichnet wurde, insbesondere von meinem Stiefvater. Zu der Zeit war diese Aussage ein weiterer Beitrag dazu, mich »falsch« zu fühlen.

Die Beschäftigung mit dieser *Begabung* hat mir geholfen, mein individuelles Erleben einzuordnen und nicht zu verurteilen. Für mich war es hilfreich zu verstehen, woher die Fülle der Informationen und Reize kommt, die ich aus meiner Umwelt empfange. Heute gebrauche ich gern das Bild eines Fischernetzes, um dieses Phänomen zu erklären.

Der Fischer wählt, je nachdem, was er fangen will, das geeignete Netz aus. Je größer der Fisch, umso weiter die Maschen. Die Fische, auf die er es abgesehen hat, fangen sich in dem Netz, die anderen rutschen hindurch. Ein gut funktionierendes, pragmatisches Prinzip.

Als hochsensibler Mensch aber habe ich weder die Wahl, das Netz auszuwerfen, noch Einfluss auf die Maschenweite. Mein Netz ist sehr feinmaschig und liegt dauerhaft aus. Ich erlebe es als sehr aufwendig und anstrengend, das Netz immer wieder von Hand leeren zu müssen und den Fang zu sortieren. Wenn ich diese Tätigkeit vernachlässige, geht es mir schlecht. Dann werde ich mit Informationen und Reizen überflutet, mit denen ich einerseits nichts zu tun und die ich andererseits nie angefordert habe.

Je nach Tagesform kann es ausreichen, mich im Supermarkt an der Kasse anzustellen, um einer solchen Überflutung ausgesetzt zu sein. Die Informationen, die die mir völlig fremden Menschen an der Kasse nonverbal aussenden, fangen sich in meinem Netz, ohne dass ich die Wahl hätte, dem zuzustimmen. Das ist nur ein banales Beispiel für die Vorgänge in meiner Gefühlswelt.

Ein Abend mit Freunden potenziert den »Fang« entsprechend. Die Zeit, die ich brauche, um das Netz wieder zu leeren, ist für mein Umfeld schwer verstehbar. Ich brauche dann »Aus-Zeiten« ohne Input, die je nach Intensität der Begegnung auch länger ausfallen können. Diese *Not-wendigkeit* (im wahrsten Sinne des Wortes) kann dann leicht als Desinteresse an der Gemeinschaft missverstanden werden.

Mich für eine Liebesbeziehung zu entscheiden, bildet für mich das Maximum an Herausforderung. In meinem Beruf als Coach und Ausbilder hat mich diese Veranlagung sehr erfolgreich gemacht und letztlich vollständig überfordert. Wenn nach einem Arbeitstag im Coaching-Kontext noch eine Partnerin wartete, überstieg das meine verfügbare Energie bei Weitem.

Auch die Feststellung meines besten Freundes: »Wenn du eine Freundin hast, bist du nicht mehr erreichbar!«, bestätigt das. Es ist für mich sehr kompliziert, eine Ausgewogenheit in den natürlichen Gegebenheiten des Lebens herzustellen. Eine endgültige Lösung dafür habe ich bis heute nicht gefunden.

Wofür ich allerdings sehr dankbar bin, ist, dass ich meinem Sohn, der die gleiche Veranlagung hat, zur Seite stehen kann. Wenn er das Vertrauen aufbringt, mir von seinem Erleben zu berichten, ist es mir möglich, ihn zu bestätigen, weil ich seine Empfindungen genau kenne. Wenn ich ihm erklären kann, dass die Intensität seiner Wahrnehmung kein »Fehler« in ihm ist, sondern eine besondere Ausrüstung, entlastet ihn das.

*

Beim OEG, dem Opfer-Entschädigungs-Gesetz, handelt es sich um die Möglichkeit, eine Unterstützung zu erhalten, um die Folgen von Gewaltanwendung zu verarbeiten. Welche Möglichkeiten dazu existieren, ist im Internet ausführlich beschrieben und ich werde deshalb nicht weiter darauf eingehen.

Auch wenn mir spontan kein besserer Titel für dieses Gesetzt einfällt, halte ich die Bezeichnung für irreführend. Die Bezeichnung »Opfer-Entschädigungs-Gesetz« impliziert zunächst, dass eine Beschädigung durch angewandte Gewalt »entschädigt«, im Sinne von »zurückgenommen«, werden könnte. Das halte ich für grundfalsch. Gewaltopfer haben oft lebenslang mit dieser Form des Machtmissbrauchs zu tun. Mehr oder weniger stark, sicherlich, und mit verschiedenen Möglichkeiten der Veränderung in den Schwierigkeiten der zukünftigen Lebensgestaltung – eine Entschädigung allerdings, im Sinne des Wortes, halte ich für unmöglich.

Mir ist auf meinem Therapieweg geraten worden, über die Inanspruchnahme dieser Möglichkeit nachzudenken. Letztlich entschied ich mich dafür. Es ist aufwendig, diesen Weg zu gehen. Für mich begann er damit, einen Anwalt zu finden, der sich auf diese Angelegenheiten spezialisiert hat. Dieser formulierte dann die Klageschrift und begleitet mich seither durch die rechtlichen Notwendigkeiten. Dieser Prozess dauert inzwischen fünf Jahre und ist bis dato nicht abgeschlossen.

Den Rechtsweg zu gehen bedeutet, sich der geschäftsmäßigen Nüchternheit von Gesetzen und deren Vertretern auszusetzen. Empathie und Mitgefühl sind daher kaum zu erwarten. Das ist der Grund, weswegen ich dazu rate, sorgfältig zu prüfen, ob dieser Weg für ein Gewaltopfer gangbar ist. Die Frage nach Einzelheiten des Geschehenen, nach Zeugen und Beweisen, wird in jedem Fall auf den Betroffenen zukommen. Dazu kommen möglicherweise Gutachtertermine. Diese Vorgänge habe ich als sehr belastend empfunden.

Dazu kommt noch die Möglichkeit, wie in meinem Fall, dass die Klage abgewiesen wird. Ich erinnere mich noch lebhaft daran, in welche Selbstzweifel ich fiel, als mich diese Nachricht meines Anwalts erreichte. Besonders die Begründung erschütterte mich tief. Mir wurde im Advokatendeutsch mitgeteilt, dass es sich in meinem speziellen Fall nicht um eine Form von Gewaltanwendung handele. Das war genug Nahrung für eine weitere depressive Episode.

Da ich aber offenbar über eine kämpferische Ader verfüge, war es mir nicht möglich, dieses Urteil unkommentiert hinzunehmen. So schrieb ich also, nachdem ich der depressiven Lethargie wieder entkommen war, eine Gegendarstellung. Mein Anwalt verwendete dieses Schriftstück, um in Widerspruch zu gehen. Der Sozialrichter, der meinen Fall dann in die Hand bekam, gab mir Recht!

Für mich war das eine enorme Erleichterung. Auch wenn ich mir rational immer klar darüber war, dass ich keine Schuld an den Ereignissen in meiner Kindheit hatte, blieb doch immer ein hartnäckiger Zweifel bestehen. Wie ich häufig von Mitpatienten erfuhr, ist dieses Erleben nicht die Ausnahme, sondern eher die Regel. Vor diesem Hintergrund dann eine Bestätigung von hochoffizieller, unemotionaler Warte zu bekommen, war für mich eine unsagbare Entlastung, da sie meine tief sitzenden emotionalen Zweifel entkräftete.

Der eigentliche Prozess ist also gewonnen, auch wenn noch völlig unklar ist, in welcher Weise eine »Entschädigung« Gestalt annehmen wird.

Mein Anwalt erwähnte in einem unserer Gespräche, dass mit diesem Prozess möglicherweise ein Präzedenzfall geschaffen wurde, der eine Neu-Definition von »Gewalt« im Gesetzestext nach sich ziehen könnte. Daran habe an offizieller Stelle niemand ein Interesse. Vielleicht dauert das Verfahren deshalb so lange. Zunächst ist ein weiteres Gutachten angekündigt. Für mich sind solche Termine reiner Stress, da ich augenblicklich in ein irrationales Ohnmacht-Erleben falle. Auch wenn ich mir rational klar darüber bin, dass meine tatsächliche Ohnmacht in der Vergangenheit liegt, ist mein emotionales Chaos in solchen Situationen so stark, dass es Auswirkungen auf mein *Jetzt und Hier* hat.

Da sind Menschen, die Macht haben und »über« mich entscheiden können! Das ist mehr als ausreichend, um mich in sehr belastende Ausnahmesituationen zu bringen. Auch wenn es für mich einen sehr wichtigen Anteil an der für mich möglichen Genesung darstellt, Recht bekommen zu haben, wünsche ich mir doch einen baldigen Abschluss dieser Angelegenheit.

*

Zurzeit betrachte ich das Leben wieder als ein Geschenk. Ich sage bewusst »zurzeit« und »wieder«, weil ich mich nicht traue, diese Haltung als abschließend vorauszusetzen. Dafür habe ich mich zu gut kennen gelernt.

In mir gibt es eine Blockade, die augenblicklich einsetzt, wenn ich mich zu etwas gezwungen fühle. In diesem Sinne habe ich mein Leben wiederholt als Urteil empfunden. Es hat viel Zeit und Energie in Anspruch genommen, bis ich begriff, dass die Haltung zum Leben meinem Willen unterworfen ist.

Meine Weltanschauung ist von den Ereignissen meines Lebens geprägt. Mir wurde damit ein eigener Blickwinkel geschenkt, denn niemand kann aus meinen Augen in die Welt schauen. Lernen zu dürfen, dass es möglich ist, Standpunkte zu verändern, um eine andere Ansicht zu erhalten, betrachte ich als Privileg.

Die Beweglichkeit, die aus der Wahl-Möglichkeit meiner Haltung erwächst, macht nichts einfacher, erweitert aber den »sichtbaren« Raum ganz erheblich. Für mich war es ganz entscheidend, diesen »Platz« zu erkennen und darin kreativ werden zu können. Das hat meinen Horizont erweitert und mich zur Achtsamkeit angeregt.

Ich glaube nicht an »das Gute« im Menschen, das einfach von sich aus wirken will. Ich glaube aber an die »göttliche« Möglichkeit in den Menschen, *willentlich* Gutes zu tun. Es ist meine Überzeugung, dass diese Macht jedem Menschen zur Anwendung anvertraut ist. Jede bewusste Entscheidung ist machtvoll und wirksam, gleichgültig, ob ich sie konstruktiv oder destruktiv ausrichte.

Wenn ich den Mut aufbringe, mich *für* Entwicklung zu entscheiden, ist es mir möglich, Glück zu finden und mich meiner Bestimmung anzunähern.

Ich bin der Meinung, dass ich keinen *Anspruch* darauf habe, dass es mir gut geht, sondern dass vieles von meinen Entscheidungen abhängt. Dazu gehört auch, mich den Bedürfnissen meines »inneren Kindes« anzunehmen und nicht auf *passive* Versorgung zu warten.

Der Weg der Bewusstwerdung hat sich für mich als richtig und konstruktiv herausgestellt. Ich will diesen Weg fortsetzen und rechne damit, dass mir immer wieder Schwierigkeiten begegnen werden. Die Einsicht, dass ich vor dem Hintergrund meiner Biografie immer mit Turbulenzen zu rechnen habe, entzieht der Resignation die Nahrung.

Meine Dankbarkeit für die Zeiträume in ruhigem Fahrwasser ist im Laufe der Jahre stetig gewachsen. So kann ich die guten Tage inzwischen deutlich mehr wertschätzen und genießen als zu den Zeiten meines Lebens, als ich noch ausschließlich darum kämpfte, die Turbulenzen zu verhindern.

Auch die heftigsten Turbulenzen unterstehen dem Gesetzt der Vergänglichkeit. Diese Erfahrung ist für mich gleichermaßen tröstend wie motivierend.

*

Es gibt *diesen einen* Menschen, den ich als »besten Freund« bezeichne. Diese Bezeichnung könnte dich glauben machen, dass ich eine Rangordnung hätte, die »gute«, »bessere« und »beste« Freunde unterscheidet. Das trifft nicht zu.

Inzwischen sind es Jahrzehnte, die wir uns

kennen. Da ich weder fähig noch willens bin, eine Freundschaft zu »pflegen«, bin ich gleichermaßen erfreut wie überrascht, dass dieser Kontakt noch immer besteht. Vor meinem Hintergrund habe ich große Vorbehalte hinsichtlich »pflegebedürftiger« Beziehungen und nehme von ihnen lieber Abstand.

Es sind manchmal Monate, ja sogar Jahre vergangen, in denen es keinen aktiven Austausch zwischen mir und meinem besten Freund gab. Dennoch ist in unserer Verbindung, jedenfalls in meiner Wahrnehmung, nichts verloren gegangen. Die Berührungspunkte, die zwischen uns bestehen, sind für mich nie verblasst.

Dieser Umstand ist für mich die Definition von »Freundschaft«! Wir sind sehr verschiedene Menschen und unseren Umgang im direkten Kontakt würde ich als eher raubeinig bezeichnen. Ich blicke in großer Achtung auf seinen Lebensweg. Ich merke, dass ich keine treffenden Worte finde, um die innere Verbindung, die ich zu ihm spüre, adäquat zu beschreiben.

Es hat in meinem Leben wiederholt Situationen gegeben, in denen ich seine Präsenz wahrgenommen habe, obwohl er körperlich nicht da war. Unabgesprochen, ohne dass wir irgendwelche Inhalte getauscht hätten, ohne dass wir die jeweiligen aktuellen Lebensumstände des anderen kannten, war diese Präsenz für mich wahrnehmbar. Ich kann es nicht besser erklären, als dass mich so etwas wie eine »Botschaft« erreicht hat. Nonverbal. Abseits aller üblichen Kommunikations-Varianten.

Die Botschaft lautete immer: *Es gibt mich! Ich respektiere jede deiner Entscheidungen, auch wenn sich unsere Meinungen vielleicht unterscheiden! Du bist frei!* Ich glaube, dass dieser Freispruch entscheidend zu der inneren Verbindung beiträgt, die ich empfinde. Für mich liegt darin die Aussage: *Ich traue dir dein Leben zu! Du wirst deine Wege finden!*

Dieser Mann, mein bester Freund, kennt meine Geschichte und hat manche Auswirkungen daraus miterlebt. Immer habe ich ein Interesse seinerseits wahrgenommen. Nie allerdings habe ich bei ihm dieses widerliche Mitleid oder den reflexartigen Impuls, mir »vorsätzlich helfen zu müssen«, gespürt. Bei ihm habe ich die Form von Empathie erfahren, wie ich sie per definitionem verstehe und die ich als wohltuend und unterstützend empfunden habe.

Besonders in Erinnerung geblieben ist mir seine Haltung mir gegenüber zu der Zeit, als ich hinsichtlich meines Glaubens in große Verwirrung geriet. Während mein gesamtes Umfeld in Aufruhr versetzt wurde, blieb er unbeeindruckt und ansprechbar. Er war es, der die »Unzurechnungsfähigkeit«, die mir von allen Seiten suggeriert wurde, relativierte und mir damit Zutrauen in meine eigene Wahrnehmung ermöglichte.

Ich habe authentisches Mitgefühl wahrgenommen und zugleich eine respektvolle Distanz, die wie selbstverständlich einen unbewerteten Raum für meine Entscheidungen öffnete. Für mich ist das nichts weniger als selbstverständlich! Für mich ist die Haltung dieses kostbaren Menschen ein Beweis dafür, dass schwierige Erfahrungen dazu dienen können, den eigenen Horizont zu erweitern und anderen Menschen Freiheit zuzugestgehen.

Für mich ist es im Weiteren ein Beweis dafür, dass ein Wachstum, das die menschliche Natur (Profitstreben, Habgier, Egozentrik) verlässt, möglich ist. Mit seiner Haltung macht er seine eigenen Erfahrungen für andere Menschen nutzbar, ohne auch nur ein Wort dafür in Anspruch nehmen zu müssen. Persönliche Erfahrung ist *spürbar* und bedarf keiner Übersetzung in Worte! Das ist nach meiner Überzeugung ein Ergebnis von tatsächlicher Entwicklung, so wie ich sie verstehe.

Ich leite es aus seiner persönlichen Entwicklung ab, dass es ihm möglich war, mir ein unsäglich großes Geschenk zu machen. Wie bereits erwähnt, kennt mein bester Freund die schwierigen Inhalte meines Lebens und deren Auswirkungen. Ihm konnte ich auch meine suizidalen Gedanken und Tendenzen anvertrauen. Meine Erfahrung ist es, dass es höchst kompliziert ist, Suizid anzusprechen. Dieses Thema löst üblicherweise Irritation, Angst, Betroffenheit und falsch verstandene Verantwortung hervor, was dem Suizidalen ein Gefühl von »Falschheit« vermittelt und ihn allein lässt.

Bei ihm war das anders, was mich zunächst verwirrte. Die erwartbare Reaktion der Umwelt auf suizidale Absichten ist impulsiv die Absicht der »Rettung«. Ich unterstelle einmal, dass auch er diesen Impuls hatte. Die Besonderheit und Kostbarkeit für mich besteht nun darin, dass er sich gegen diesen Impuls entschied! Den Beweggrund für diese Entscheidung könnte, wenn überhaupt, nur er selbst beschreiben.

Die Erfahrung, die ich bei ihm machte und die meine Zuneigung und Hochachtung für ihn noch einmal verstärkte, war völlig anders. In der Schilderung meiner Situation und meiner Absichten hinsichtlich der Beendung meines irdischen Daseins fand ich wirkliches, fühlbares Verständnis. Ihm war es möglich, mich nicht mit Wertungen abzuspeisen, sondern respektvolle und glaubwürdige Akzeptanz zu vermitteln.

Er sagte mir: »Wenn es für dich notwendig ist, diesen Entschluss in Handlung zu bringen, würde ich dich gern begleiten, damit du in diesem Moment nicht allein bist.« Jedes Mal, wenn ich mich an diese Aussage erinnere, bin ich zugleich erschüttert wie auch tief berührt und beeindruckt von diesem Angebot. Auch wenn ich dieses Angebot niemals in Anspruch nehmen würde, bildet es für mich einen zuverlässigen Anker, an dem ich mich immer wieder mal festmachen kann, um Atem zu holen.

Er hatte tatsächlich die Ernsthaftigkeit meiner Überlegungen verstanden! Er erkannte, dass es mir nicht darum ging, einen bequemen Weg zu finden, meine Verantwortung loszuwerden, sondern sah, dass ich mich wirklich am Rande meiner Kraft befand und die Verzweiflung die Führung zu übernehmen begann. Sein Verständnis, das nicht mit Lösungsvorschlägen um sich warf, enthielt die Erlaubnis zu meinem So-Sein und spendete mir damit neue Kraft und entmachtete die Verzweiflung.

Dieser Mann bezog seine eigene Erfahrung, ob bewusst oder unbewusst, in seine Haltung mir gegenüber ein und gab mir damit einen respektvollen Raum zur eigenen Entscheidung. Damit verkörpert er einen erheblichen Teil dessen, was ich mir in einer Vaterschaft wünsche. Er ist mir mit seiner Haltung auch Beispiel im Umgang mit meinem eigenen Sohn.

Es ist mir eine Herzensfreude, dass er sich an einem Punkt seines Weges entschieden hat, seine Kraft und Zeit solchen Kindern zu widmen, die

nicht den Luxus genießen, einen sicheren Lebensmittelpunkt zu haben! Indem er das in Handlung
bringt, stellt er sich immer wieder seiner eigenen
Biografie und führt eigene destruktive Erlebnisse
in konstruktive Ergebnisse.

Einen solchen Menschen in meinem Leben zu
wissen empfinde ich als ein Geschenk, das mich
mit Freude erfüllt.

*

In meinem Leben gab es ein Ereignis, das mich
zwang, unmissverständlich Stellung zu beziehen.
Indem ich jetzt schreibe, bemerke ich, wie schwer
es mir fällt, die in mir aufsteigenden Emotionen
zu ordnen und so weit zu zügeln, dass ein ver-
ständlicher Bericht überhaupt möglich ist.

Der Umstand, dass dieses Ereignis noch sehr
jung ist, macht mir die Distanzierung auf einen
nüchternen Erzähl-Standpunkt beinahe unmöglich. Ich will es dennoch versuchen.

Durch Lebensumstände, die ich an dieser Stelle nicht weiter beleuchten will, kreuzte sich mein
Weg mit dem eines jungen Mannes, der vor Kurzem volljährig geworden war. Bereits bei der ersten Begegnung nahm ich eine starke atmosphäri-
sche Spannung zwischen uns wahr. Für mich als
hypersensitiven Menschen gehört dieses Empfinden zunächst zum Tagesgeschäft und war deshalb

keiner besonderen Beachtung wert. Der Verlauf dieser Begegnung nahm allerdings außergewöhnliche Züge an.

Ich nehme einmal die Auswirkungen unserer Begegnung vorweg:

»Du bist ein Nichts! Ich verachte dich! Ich hasse dich! Du bist das Allerletzte! Ich hoffe, dass deine Kinder sterben, damit sich so was wie du nicht auch noch fortpflanzt! Wenn du nicht sofort aufhörst, mit mir zu sprechen, hole ich ein Messer und bringe dich um!«

Das Beschriebene ist nur eine Auswahl dessen, was mir in höchster Aggression entgegenschlug. Und es ist auch nur die Energie, die der junge Mann in Worte bringen konnte. Die Spitze des Eisbergs, wie man so sagt.

Ich hatte einen Angriff in dieser Extremität weder erwartet noch für möglich gehalten und konnte ihn überhaupt nicht zuordnen. Tatsächlich hatte mir eine solche Erfahrung noch gefehlt.

Wie kam es dazu? Es hat einige Mühe gekostet, mir die Geschehnisse nachträglich selbst verstehbar zu machen, und ich bin nicht sicher, ob es mir gelingt, das zu transportieren. Ich muss dafür etwas ausholen.

Einerseits habe ich auf meinem Lebensweg vorsätzliches Schweigen, passiven Widerstand und verdeckte Provokation zu hassen gelernt. Immer wenn ich solchem Verhalten begegne, werden sämtliche Alarmsysteme in mir aktiviert. Meine Prägung meldet dann die altbewährte Vorgehensweise: Ausweichen!

Die Konstellation, in der ich mich mit diesem jungen Mann befand, ließ aber eine solche Reaktion nicht zu.

Andererseits umgibt mich eine gewisse Aura von »natürlicher Autorität«, die ich weder verstehe, noch deren Ursache ich benennen könnte. In meiner Berufspraxis als Coach und Ausbilder gab es Menschen, sowohl Kollegen als auch Klienten, die diese Begriffe gebrauchten, um ihren Eindruck von mir zu beschreiben. Dieser Eindruck, den ich offenbar auf meine Umwelt mache, hat in meinem Leben schon häufig dazu geführt, dass ich mich in einer Führungsposition wiederfand, die mir unerklärlich war. Viele Menschen beginnen schnell, sich an mir zu orientieren, und begeben sich wie automatisch unter meine »Leitung«.

Es gibt aber auch Menschen, bei denen meine Wirkung augenblicklich als Provokation ankommt, sodass sie reflexartig in Widerstand gehen. Das geschieht in den allermeisten Fällen völlig unbewusst, ist aber durch ein Gespräch leicht zu klären, wenn die Bereitschaft dazu besteht.

Im Falle des jungen Mannes ging meine Wirkung eindeutig in Richtung Provokation. Kontakt- und Gesprächsangebote meinerseits wurden von ihm allerdings durch Ignoranz zurückgewiesen. Nonverbal hingegen kommunizierte der junge Mann sehr anschaulich. Die Botschaft lautete: *Du stehst mir im Weg und störst meine Weltanschauung!* und *Du bist mir fremd und bedrohlich!*

Die Unausweichlichkeit, in der wir uns befanden, und sein zunehmend rücksichtsloses, asoziales und gewaltbereites Gebaren schufen allmählich eine Situation, die mich mehr und mehr belastete und schließlich unerträglich wurde. Glücklicherweise verfügte ich zu diesem Zeitpunkt bereits über ausreichend Bewusstsein, um eine »Draufsicht« auf das Geschehen zu bekommen. Ich hatte in meiner Kindheit als »Unwillkommener« auszuweichen gelernt, um mir einen Platz zu suchen, der mein Überleben sicherstellte. Ich hatte tief verinnerlicht, dass der natürliche Drang, meinen Lebens-Raum einzunehmen und zu behaupten, meine Existenz gefährdete. Somit bildete das Verhalten des jungen Mannes eine perfekte Projektionsfläche für meine kindlichen Erfahrungen. Ich war diesem jungen Menschen schlichtweg ein Hindernis und damit Ärgernis. Er hatte gelernt, sich mit seinem Verhalten Geltung zu verschaffen und damit seinen Willen zu erzwingen.

Das funktionierte mit mir nicht mehr. Ich hatte die Zusammenhänge inzwischen so weit erkannt, dass ich erstmals in meinem Leben *bewusst* entschied, nicht auszuweichen!

So verwies ich also meine Vergangenheit auf ihren Platz und machte dem Bürschchen unmissverständlich klar: *Hier stehe ich! Ich akzeptiere deine Entscheidungen, auch wenn ich sie nicht meine Zustimmung finden. Ich verlasse meinen Standpunkt nicht und werde diesen Ort weder räumen noch dein Verhalten übernehmen! Ich bleibe hier stehen!*

Meine Botschaft kam an, wenn auch in einer Weise, die ich mir weder gewünscht noch erwartet hätte. Offenbar stellte meine Stellungnahme für diesen jungen Mann eine solche Bedrohung dar, dass es in den oben beschriebenen Auswüchsen eskalierte.

Für mich waren diese Ereignisse die bis dahin intensivste Herausforderung, eine sehr engmaschige Realitätsüberprüfung zu vollziehen. Für mich galt es, die Realität, also das rotznasige, verletzte und pubertäre Bürschchen, das seine Verletzungen unreflektiert auslebte, von der perfekten Projektionsfläche, die er hinsichtlich meiner Biografie darstellte, zu trennen.

Ich finde kaum Worte dafür, was mich dieser Prozess gekostet hat! Zwar hatte ich intuitiv befürchtet, dass die Beanspruchung meines Lebens-Raumes Konsequenzen haben würde, dass sie sich allerdings in dieser Form äußern würden, befand sich jenseits meiner Fantasie. Noch nie in meiner gesamten Geschichte war ich so nah an dem Kontrollverlust, den ich immer befürchte.

Auch wenn es mich viel Überwindung kostete, traf ich die Entscheidung, ihn polizeilich wegen Morddrohung anzuzeigen. Damit kam ich seiner Forderung nach, als überdurchschnittlich intelligenter und »erwachsener Mann« ernst genommen zu werden.

Direkt anschließend begab ich mich in psychiatrische Obhut, um eine weitere Eskalation zu verhindern. Mit diesem Schritt konnte ich den Kontrollverlust, den ich befürchtete, abwenden. Mir war überdeutlich klar, dass dieser junge Mann, sollte ich, vor dem Hintergrund seiner Drohung, erneut mit ihm zusammentreffen, den gesamten Zorn meiner Biografie abbekommen würde.

Für mich liegen in diesem Ereignis einige erhellende Erkenntnisse. Ganz zuoberst fällt mir auf, wie störanfällig meine Konstitution noch ist, wenn ich mit Gewaltbereitschaft konfrontiert werde. Ich neige dann stark zur Überreaktion, weil ich die Position des »Beobachters« nicht halten kann. Ich gerate dann in eine Art Affekt, in dem ich den Fokus von der Bedrohung nicht mehr abwenden kann, selbst wenn es nur eine vermeintliche ist.

Die Menschen, die mich in solchen Momenten erlebt haben, beschreiben mich als hochkonzentriert und völlig ruhig. Ich selbst erlebe es als maximalen Stress. Augenblicklich bin ich hell-wach und alle meine Alarmsysteme schnellen in den roten Bereich. Zu meiner eigenen Verwunderung, aber auch zu meinem Erschrecken spüre ich dann keinen Fluchtimpuls, sondern das genaue Gegenteil. Meine Bereitschaft zum Angriff und zur eigenen Gewaltanwendung wächst dann ins Bedrohliche. Glücklicherweise setzte an dieser Stelle bisher immer die Furcht vor dem Kontroll-verlust und dessen Folgen ein.

Es gibt eine warnende Instanz in mir, die mir sehr deutlich klar macht, dass mir jede Konse-quenz gleichgültig sein wird, wenn ich die Kont-rolle verliere. Da ich nicht sehr am Leben hänge, würde dann auch der mögliche Verlust meines Lebens keinen Regulator mehr darstellen. Ich halte das für hochgefährlich und stehe dafür in der Verantwortung!

Des Weiteren wurde deutlich, welche Aus-wirkungen eine schlichte, wenn auch unmiss-verständliche Stellungnahme haben kann. Es war für mich das erste Mal, dass ich in bewusster Entschlossenheit mitteilte: *Hier bin ich und hier bleibe ich! Ich werde weder ausweichen noch Verhal-tensweisen übernehmen, denen ich nicht zustimme!*

Bis zu diesem Zeitpunkt war mir nicht klar, welche Bedrohung darin für einen Menschen lie-gen kann, der es gewohnt ist, mittels Aggression Erfolg zu haben.

Auch wenn mich die Eskalation des Geschehens nachhaltig schockiert und der Ausgang dieser Geschichte noch nicht absehbar ist, kann ich doch sagen, dass ich die offene Kriegserklärung dieses jungen Mannes der subtilen und suggestiven Energie meiner Kindheit vorziehe. Mit dieser, wenn auch kantigen und schmerzhaften Offenheit lässt sich umgehen. Sie bietet Möglichkeiten: Akzeptanz, Widerstand, Kapitulation, Auflehnung, Trauer, Reflexion oder schlichte Kommunikation … Keine Möglichkeit des Ausdruckes zu haben, so wie ich es in meiner Kindheit erfahren habe, ist die übelste Form des Daseins.

Das, was dieser junge Mann in meine Richtung transportierte, war *seine* Wahrheit und damit aufrichtig! Inwieweit diese Wahrheit der objektiven Betrachtung standhält, ist eine andere Geschichte und für mich gar nicht entscheidend.

Aufgrund der großen Last, die bereits auf seinem jungen Leben liegt, habe ich großes Mitgefühl und Verständnis für sein Verhalten, auch wenn es ihn nicht von der Verantwortung und den Konsequenzen seiner Handlungen befreit.

Die Informationen, die sich, seine Geschichte betreffend, nach und nach sammelten, halfen mir, die Ereignisse nachträglich einem Ursprung zuzuordnen, der mit mir persönlich gar nichts zu tun, sondern in mir nur *auslösende* Funktion hatte. Deutlich wurde mir, dass Drogenkonsum,

Online-Spielsucht und das genetische Erbe seines arabischen Erzeugers, schwerwiegende Bestandteile seines Lebens darstellten und sein soziales Verhalten stark beeinflussten. Mir wurde deutlich, dass er von seinem Erzeuger als verlängerter Arm benutzt wird, um stellvertretend Rache für dessen gekränkten Stolz zu nehmen.

Inzwischen glaube ich, dass das Verhalten des jungen Mannes ausschließlich darauf abzielte, sein »Dasein« zu bestätigen. Dafür wählte er die Ausdrucksform des Widerstandes, in jeder sich bietenden Form.

Der Erzeuger entzog sich, nach der Trennung durch seine Frau, mittels Flucht in die USA, von jedweder Verpflichtung hinsichtlich Verantwortung und Unterhalt. Er hatte sich die deutsche Staatsbürgerschaft durch Heirat und damit die Möglichkeit zu einem Studium erschlichen und verwendete jetzt seinen neuen Status dazu, aus sicherer Entfernung seinen verletzten Stolz zu rächen. Dieser rührte allein daher, dass seine Frau die »Frechheit« besaß, sich von ihm zu trennen, als seine egozentrische, Menschen und insbesondere Frauen verachtende Haltung nicht mehr zu verbergen war.

Dem jungen Mann wurde von seinem Erzeuger schon als Kind schonungslos mitgeteilt, dass er seine Mutter ausschließlich deshalb heiratete, um eine »Fahrkarte« nach Europa und somit

Zugang zu Bildung und Wohlstand zu bekommen. Nach der Trennung manipulierte er seinen Sohn dann derart, dass dieser die Schmähungen »Hure« und »Flittchen« seiner Mutter gegenüber in äußerster Aggression und Offenheit äußerte und auch sein Sozialverhalten dieser Verachtung anpasste. Die Boshaftigkeit, mit der der Erzeuger über die Mutter sprach, säte einen vergiftenden Hass in den jungen Mann, der über die Jahre stetig wuchs und in seinem destruktiven Verhalten Ausdruck fand.

Dass ein junger Mensch sich irgendwann fragen muss, welchen Stellenwert *er* denn eigentlich in einer solchen Konstellation hat, liegt wohl auf der Hand. In diesem jungen Mann bin ich einem Hass begegnet, den ich bis dahin nicht für möglich gehalten hätte.

Leider hat der Sohn die Weltanschauung seines Erzeugers vollständig übernommen. Fatalerweise hält er ihn für den besten Vater der Welt. Noch hat der junge Mann weder die Reife noch den Mut, die Wahrheit an sein Idol herankommen zu lassen. Auch dass sein Erzeuger ihn mit Geld-Zuwendungen steuert, befindet sich noch nicht in seinem Bewusstseins-Spektrum.

Damit, dass der Erzeuger seinen Sohn für seine Zwecke instrumentalisiert hat, trägt er ein großes Stück Verantwortung für dessen Defizite in Sozialkompetenz, Weltanschauung und Suchtverhalten. Ich meine auch, dass sein vorsätzlich asoziales Verhalten und seine Gewaltbereitschaft an dieser Stelle ihre Erklärung finden und der Sehnsucht nach »gesehen werden« geschuldet sind.

Noch glaubt der junge Mann, Opfer der ungeklärten Beziehung seiner Eltern zu sein, und lebt diese Ungeklärtheit stellvertretend und unbewusst aus. Noch entzieht es sich seinem Bewusstsein, dass er das Recht hat, sein Leben selbstbestimmt zu gestalten, und nicht Werkzeug für die »eine« oder »andere« Seite sein muss.

Ich unterstelle ihm keinerlei Bewusstsein hinsichtlich der Ursachen seines Verhaltens, was ihn allerdings, wie bereits gesagt, nicht aus der Verantwortung dafür entlässt.

Kinder, die das Empfinden haben, »verloren zu gehen« oder »verlassen« zu werden, greifen zu den kuriosesten Mitteln, um das zu verhindern.

Leider weiß ich, wovon ich spreche.

*

Im Folgenden möchte ich über meinen Glauben sprechen.

Treffen sich ein Astronaut und ein Hirnchirurg. Sagt der Astronaut: »Wie kannst du nur an Gott glauben? Ich war schon so oft im Himmel, aber Gott habe ich da nie gesehen.«

Darauf der Hirnchirurg: »Tja, und ich habe schon so viele Gehirne bei Operationen gesehen, aber noch keinen einzigen Gedanken gefunden.«

Eins will ich direkt vorausschicken: Mich stößt jede Form der Frömmelei ab! Darunter fallen für mich alle Handlungen, die mich glauben machen sollen, ich könnte Gott Geschäfte anbieten. Wenn ich wirklich dankbar dafür bin, dass ich etwas zu essen habe, ist es schön, das in einem Tischgebet auszudrücken. Wenn es diese Dankbarkeit aber gar nicht gibt oder es nur darum geht, meinen Gästen eine sakrale Dosis zu verordnen, lehne ich ein solches Gebaren für mich ab.

Eine Kerze anzünden für …, eine Beichte ablegen weil …, an einer Prozession teilnehmen, um … gehören für mich ebenfalls dazu, wenn es nur darum geht, vor Gott »besser« auszusehen oder bei ihm etwas erreichen zu wollen.

Ich fühle mich nicht berufen, zu missionieren oder anders denkende Menschen von meiner Sichtweise zu überzeugen. Dennoch ist es mir wichtig, insbesondere dir gegenüber, klar Stellung zu beziehen, was diese Thematik, nur für mich persönlich, angeht. Ich stelle mir vor und wünschte mir, dass ein lebendiger Austausch darüber mit dir möglich wäre.

Ich lebe in einer Zeit, in der es einfacher ist, über Sex und dessen diverse Ausdrucksformen zu sprechen als über den Glauben. Immer wenn der Glaube thematisiert wird, bemerke ich, wie die Menschen peinlich berührt, verhalten, unsicher und ausweichend werden.

Vielleicht ist es die Tatsache, dass Gott weder beweis- noch widerlegbar ist, was den Menschen Furcht einflößt. Zum eigenen Glauben Stellung zu beziehen bedeutet »sichtbar« und somit »angreifbar« zu werden. Das ist zumindest »ungemütlich« und kann sich bis hin zu »gefährlich« entwickeln. Jede klare Stellungnahme bietet diese Angriffsfläche.

Toleranz hinsichtlich Glaubens-Verschiedenheiten halte ich inzwischen für ein Indiz für Ernsthaftigkeit und Wertschätzung. Meistens fühlte ich mich in Gesprächen über den Glauben belehrt, korrigiert oder unterrichtet. Besonders schmerzhaft empfand ich es, wenn mir von »Gläubigen« suggeriert wurde, dass meine psychischen Schwierigkeiten aus einer persönlichen Schuld oder »Sünde« resultierten. Zur Behebung dieses Makels wurde mir vom Gebet bis hin zum Exorzismus die gesamte aktionistische Palette »gläubigen« Handelns vorgestellt. Meine Erkrankung war demnach also eine Strafe Gottes!

Mit einem solchen Gott wollte und will ich nichts zu tun haben. Gott hat mich *trotzdem* erreicht. Auf einem ganz persönlichen, individuellen Weg. Heute habe ich einen sehr lebendigen

Glauben, der, wie ich meine, in kein Schema passt.

Auch wenn ich einen Sinn von Gemeinschaft im Glaubenskontext erkennen kann, ist es mir bisher nicht gelungen, mich einer Gruppierung oder Kirche anzuschließen. Meine »Entsprechung« in diesem Kontext zu finden steht also noch bevor und ich werde diesbezüglich keine Entscheidung ohne meinen Herrn treffen.

Ja, ich glaube an Jesus Christus, den Allmächtigen, meinen Herrn und Erretter! Diese Aussage kann die Welt bis zum Äußersten provozieren. Dich auch?

Es ist sehr wohltuend, mit Menschen zu tun zu haben, die ihre eigene Fehlbarkeit und Eingeschränktheit ihrer Wahrnehmung für möglich halten. Solche Menschen haben etwas begriffen. Ich möchte ›begriffen‹ im Sinne des Wortes verwenden, denn das ist Jesus für mich: ansprech- und begreifbar!

Ich verstehe ihn als aufrichtig, uneigennützig und verbindlich. Er manifestiert für mich die Wahrheit. Ich wünsche mir sehr, dass du zu den Menschen gehörst, die etwas begriffen haben!

Kennst du den Text ›Spuren im Sand‹?

SPUREN IM SAND

Eines Nachts hatte ich einen Traum:
Ich ging am Meer entlang mit meinem Herrn.
Vor dem dunklen Nachthimmel
erstrahlten, Streiflichtern gleich,
Bilder aus meinem Leben.
Und jedes Mal sah ich zwei Fußspuren im
Sand,
meine eigene und die meines Herrn.

Als das letzte Bild an meinen Augen
vorübergezogen war, blickte ich zurück.
Ich erschrak, als ich entdeckte,
dass an vielen Stellen meines Lebensweges
nur eine Spur zu sehen war.
Und das waren gerade die schwersten
Zeiten meines Lebens.

Besorgt fragte ich den Herrn:
»Herr, als ich anfing, dir nachzufolgen,
da hast du mir versprochen,
auf allen Wegen bei mir zu sein.
Aber jetzt entdecke ich,
dass in den schwersten Zeiten meines Lebens
nur eine Spur im Sand zu sehen ist.
Warum hast du mich allein gelassen,
als ich dich am meisten brauchte?«

Da antwortete er: »Mein liebes Kind,
ich liebe dich und werde dich nie allein lassen,
erst recht nicht in Nöten und Schwierigkeiten.
Dort, wo du nur eine Spur gesehen hast,
da habe ich dich getragen.«

Margaret Fishback Powers

Für mich stimmt dieser Text uneingeschränkt. Genau das habe ich erlebt! Lange habe ich es nicht in dieser Weise verstanden. Ich habe Gott verurteilt und ihn verantwortlich gemacht für die Ereignisse meines Lebens. Ich wollte ihm mein Leben vor die Füße werfen. Ich hatte nichts als Verachtung und Unverständnis für ihn. So wie viele andere stellte ich die zersetzende Frage: »Wie konnte Gott, wenn es ihn gibt, *das* zulassen?«

Nach wie vor habe ich Mühe mit dem *Gott-Vater*-Bild. Das liegt sicher an meiner Biografie, in der ein *guter* Vater fehlt. Jesus jedoch ist mir Freund und ständiger Begleiter geworden. Das, was ich noch an Vertrauen aufbringen kann, gilt ihm, und das ist wahrhaftig nicht viel.

Ich wünschte, ich hätte mehr Vertrauen zu demjenigen, der es wirklich verdient. Immer wieder bin ich beschämt hinsichtlich dieses Unvermögens. Reflexartig erwarte ich Strafe, wenn ich Fehler mache. Inzwischen weiß ich, dass ich IHN in solchen Momenten mit jemandem verwechsle.

Die Beschämung meines Lebens ist von Menschen verursacht worden, nicht von Gott! Wenn mir diese Richtigstellung gelingt, sehe ich meinen lächelnden Herrn direkt hinter der Scham stehen, der mir mit unveränderter Liebe mitteilt: »Henning, ich kenne dich doch! Ich freue mich über dich! Ich stimme dir zu! Du bist mir wichtig! Schenke *mir* doch die Freude, *dich* beschenken zu dürfen!«

Und er tut es! Unabhängig davon, ob es mir gelingt ihm zu vertrauen. *Er* macht keine »Geschäfte« mit mir!

Er handelt nie gegen meine Entscheidung und nie zum falschen Zeitpunkt. Mein Herr ist nicht übergriffig, nicht überstülpend, nicht mit Strafe drohend. Dafür liebe ich ihn! Er ist geduldig mit mir und nicht anklagend. Er allein hat mich nie unter Druck gesetzt, hat mir nie etwas vorgemacht, hat mich meinen Weg gehen und meine Erfahrungen machen lassen. Diese Erfahrungen gehören jetzt *mir*, so wie ich IHM.

Er ist nicht gewaltsam in mein Herz eingedrungen. Er hat gewartet, bis es mir möglich war, ihn hereinzulassen, denn Herzenstüren lassen sich nur von innen öffnen. Heute bin ich voller Dankbarkeit und Ehrfurcht vor seiner Weisheit. Heute glaube ich nicht nur, sondern ich weiß, dass die Ereignisse meines Lebens nie SEIN Wille waren.

Die Geschehnisse meines irdischen Daseins

sind folgerichtige Ergebnisse *menschlicher* Entscheidungen in meinem Umfeld. Ich lese in dem Brief Gottes an die Menschen (der Bibel), dass ER keinen Zweifel an der Natur des Menschen zulässt, aber jederzeit Hilfe und Orientierung im Umgang damit bietet, wenn ich danach frage.

Die Menschen meiner Ursprungsfamilie haben ihren freien Willen unreflektiert und ohne Ausrichtung auf eine übergeordnete Instanz in Handlung gebracht. Sie handelten der Natur des Menschen gemäß, also zutiefst menschlich.

Die Macht des freien Willens zu erkennen und die eigene Kompetenz hinsichtlich der Ausübung in Zweifel zu ziehen, bahnt einen Weg zu Gott. Diese Ausrichtung ist eine offene Kriegserklärung an die Natur des Menschen! Konflikte sind also nicht nur erwartbar, sondern unumgänglich!

Das göttliche Geschenk des freien Willens birgt ungeheure Macht. Gott schränkt dieses Geschenk niemals ein! Er schuf den Menschen nach seinem Ebenbild, so heißt es in seinem Brief an uns. Ich verstehe es so, dass seine Geschöpfe niemals Marionetten sein sollten, sondern Gegenüber. Frei darin, sich *für* oder *gegen* etwas zu entscheiden.

Der Umgang mit dieser ungeheuren Macht muss allerdings erlernt werden. Gottes Wille für seine Geschöpfe ist nicht Leid! Gott schränkt nur die Freiheit seiner Geschöpfe nicht ein! Wenn

Leid aus menschlichen Entscheidung hervorgeht, ist es für mich nur *eine* mögliche Konsequenz aus der Freiheit, die ihnen geschenkt wurde.

Gott ist wahrhaftig und allmächtig. Er ist autonom und hätte es nicht nötig, seinen Geschöpfen die Möglichkeit des Verstehens zu bieten. Dennoch tut er es. Ich glaube, dass es darum geht, seinen Brief an uns zu lesen und das zu glauben, was darin steht.

Ich glaube, dass sein Wort gilt. Mit allen Konsequenzen! Die Auswirkungen von Verleugnung, Selbstüberschätzung und Ignoranz sind für jeden, der nicht vorsätzlich wegschaut, offen sichtbar.

Im Umkehrschluss hat es unbegreiflich schöne, nährende, unterstützende und liebevolle Konsequenzen, wenn der »freie Wille« Orientierung in IHM sucht.

Etwas Unbeweisbares für möglich zu halten versetzt mich in den Status des »Gläubigen« und macht mich zum legitimierten Empfänger jedes »Segens«, der diesem Privileg zugedacht ist!

Ich glaube an den Jesus, der mich persönlich kennt, der für mich, Henning, aus freier Entscheidung am Kreuz gestorben ist, um mich zu retten! Ich glaube an den Jesus, der es selbst wählte, Mensch zu werden, sich aus Liebe zu mir dermaßen erniedrigte und damit stellvertretend meine Rechnung bezahlt hat. Ein Geschenk. Unverdient. Nicht verdienbar.

Er hat einen Weg zu mir gefunden, nicht umgekehrt!

Mein Herr hat mich verstehen lassen, dass er sein Werk nicht in überstülpender Weise getan hat! Sein Weg und die Konsequenzen daraus sind beispiellos, unwiderruflich und perfekt. Er hat gegen die Boshaftigkeit, die in jedem Menschen zu finden ist, gesiegt. Und diesen Sieg bietet er jedem als Geschenk an, der bereit ist, ihn persönlich aus seiner Hand anzunehmen.

Als allmächtiger Schöpfer wurde Gott in Jesus selbst Geschöpf, um für mich »sterben« zu können und dieses Urteil von mir abzuwenden, wenn ich dem zustimme. Das ist meine Überzeugung! Meine Entscheidung stellt die Weiche dafür, was hinter der »letzten« Tür für mich bereitsteht.

Gottes Respekt seinen Geschöpfen gegenüber geht so weit, dass er sie nicht gegen ihren Willen errettet. Er macht ein Angebot und hält ein Geschenk in Händen! Nur und ausschließlich der »freie, *persönliche und unübertragbare* Wille« macht die Annahme dieses Geschenkes möglich und damit unveränderbar gültig.

Absolut unwirksam hingegen ist, meiner Auffassung nach, eine Absolution, die sich seine Geschöpfe gegenseitig erteilen. Die katholische Kirche und jede Institution, die sich eine »Stellvertretung« anmaßt, sind für mich der Inbegriff der Zweifelhaftigkeit.

Ich habe lange gebraucht, bis ich verstanden habe, dass niemand stellvertretend dieses Geschenk an mich annehmen kann. Nicht die Zugehörigkeit zu einer Kirche oder anderer Gruppierung machte mich frei, sondern allein meine Entscheidung. Hennings Entscheidung, Gott Glauben zu schenken, ganz aufrichtig, ganz persönlich. Allein und *bewusst* zu IHM zu gehen, wissend um meine Stellung, meine Rechnungen abzugeben und das Geschenk aus seiner Hand zu empfangen, dass meine Rechnungen durch IHN beglichen sind! Diesen Weg, hat Jesus für mich sichtbar gemacht.

Inzwischen ist es lange her, dass ich dieses Geschenk angenommen habe.

Ich bin in einem atheistischen Umfeld herangewachsen und hatte den Atheismus als Leitfaden hingenommen. »Gott« war kein ernst zu nehmendes Thema in meinem unmittelbaren Familien-System. Meine Eltern entschieden, mir die Wahl meiner Konfession selbst zu überlassen. Ich hatte also keine vorgegebene Konfession und war auch nicht getauft.

Mir war das alles völlig egal. Mein Lebensalter allerdings, damals vierzehn Jahre, verlangte nach einer Entscheidung. Konfirmation, Kommunion, oder gar nichts, das waren die Optionen.

Ich wollte ein Mofa! Das war für mich völlig

klar. Eine Konfirmation, so hatte ich in meinem Umfeld bereits bemerkt, versprach Geldgeschenke der Familie und ließ damals einen Erlös von ca. 1000 DM erwarten. Das machte mir die Entscheidung leicht, weil meinen Herzenswunsch erreichbar.

Dafür nahm ich das Konfirmations-Prozedere und auch die Taufe in Kauf. Mehr Glaube war an dieser Stelle bei mir nicht vorhanden. Der einzige Eindruck von Gläubigen, den ich bis dahin hatte, beschränkte sich auf Gebete bei Tisch, die ich mitbekam, wenn wir bei der Familie meines Stiefvaters zu Besuch waren.

Mich ließ dieser Eindruck eher Abstand nehmen, als dass er bei mir ein Interesse geweckt hätte. Es handelte sich bei ihnen um eine bäuerliche Frömmigkeit, die mir fremd war und die auch nicht weiter thematisiert oder erklärt wurde. Da es in meiner Familie kein Beispiel für Glauben gab, schien mir diese Angelegenheit wenig erstrebenswert. Mein Ziel war das Mofa, die Konfirmation war das Mittel dazu.

So wurde ich also getauft, konfirmiert und war anschließend in der Lage, mein erstes motorisiertes Fahrzeug anzuschaffen. Das war mir wirklich wichtig! Schon lange hatte ich darauf hingefiebert. Mein Mofa verschaffte mir ein Stück Freiheit und Unabhängigkeit, die ich sehr genoss und die ich mir seitdem durchgehend erhalten habe.

Zum Glauben kam ich mit einundzwanzig Jahren. Der Ausdruck »zum Glauben kommen« ist für mich irgendwie sperrig und ich mag ihn nicht gern benutzen. Mir fällt aber auch keine andere Umschreibung ein.

Ich hatte den Kriegsdienst verweigert, damals noch ein aufwendiger Prozess, und musste 21 Monate Zivildienst leisten. Ich hatte mich für eine Schwerstbehinderten-Betreuung entschieden und diese Tätigkeit machte ein Vorbereitungs-Seminar erforderlich, welches in Kiel stattfand. Es war zu aufwendig, an den Wochenenden nach Hause zu fahren, und so blieb ich die vier Wochen vor Ort. Da ich mich langweilte, nahm ich die Einladung eines anderen Seminar-Teilnehmers zu einem Gottesdienst an.

Es war eine Gemeinde der sogenannten Pfingstler. Was ich dort erlebte, änderte meine Haltung zu Gott grundlegend. Bei den Menschen dort erlebte ich lebendigen und überzeugten Glauben. Ich kam in Kontakt mit dem Evangelium in gelebter Form und spürte, dass es für mich stimmt. Ich hatte Unmengen von Fragen und erhielt Antworten.

Jesus hatte mich gefunden! Ich muss lachen, wenn ich das schreibe, denn es hört sich furchtbar beknackt an. Dennoch ist es die Wahrheit. An dieser Stelle begann mein *bewusster* Weg mit Gott. Ich will hier abkürzen, denn mein persönlicher Weg mit Gott würde ein weiteres Buch füllen.

In dieser Weise verändert, kam ich zurück nach Hause. Ich brannte geradezu unter den Eindrücken meiner Erlebnisse und berichtete entsprechend enthusiastisch davon. Die Reaktion meiner Familie war erschütternd. Sie gerieten buchstäblich in Panik, sprachen von »Sektierertum« und schleppten mich zu dem Pfarrer der Gemeinde, in der ich konfirmiert worden war. Meine Eltern entwickelten eine regelrechte Paranoia. Ich war verstört. Da ich zu dieser Zeit noch nicht stark genug war, mich abzugrenzen und zu mir zu stehen, glich ich mich wieder dem Familien-Prinzip des Schweigens an.

Die Veränderung in mir war allerdings vollzogen. Und sie hatte, trotz widriger Umstände, begonnen zu wachsen. Daran hat sich bis heute nichts geändert. Ich bin weder Mönch noch Missionar noch Extremist geworden und nichts weniger als fromm! Ich lernte Gott stetig als glaubwürdig und verlässlich kennen. Die Bibel ist für mich ein Bilderbuch, das mir hilft zu verstehen, wenn ich verstehen will.

In den klaren, nüchternen und unmissverständlichen Aussagen, die ich in der Bibel finde, spricht Gott eine deutliche Sprache und macht sich jedem verständlich, der den Wunsch danach hat. Meine Angelegenheiten mit IHM sind dank

Jesus ein für alle Mal geklärt.

Die Klärung meiner Angelegenheiten mit den Menschen gestaltet sich deutlich schwieriger.

Jesus hat mich *zur Freiheit* befreit. Er schränkt weder meine Entscheidungsmöglichkeiten ein noch die Konsequenzen, die aus meinen Entscheidungen erwachsen. Was sich für mich verändert hat, ist, dass ich jemanden habe, den ich um Rat fragen kann, ohne menschliche Motive fürchten zu müssen. Ich darf ihm erzählen und ihn mit Fragen und Zweifeln überschütten. Für mich ist es wohltuend, mit meinem Herrn im Gebet sprechen zu können, ohne mich damit Zwang oder Urteil auszusetzen.

Es interessiert mich einfach, wie mein Herr zu meinen Gedanken steht. Er sagt mir immer die Wahrheit, wenn ich sie hören will. Er bereitet den Weg, auf dem ich mich selbst und meine Motive erkennen kann, und begleitet mich dabei. Schon häufig hat er mich davor bewahrt, die Auswirkungen meiner Verletzungen in Handlung zu bringen.

Wenn ich von Schmerz, Trauer und Zorn überwältigt werde, spüre ich das liebevolle Angebot, in seine Gegenwart zu treten und mich in seine Arme zu werfen. »Komm einfach zu mir und wirf deine Last auf mich! Um alles andere kümmere ich mich schon!« Das ist seine Zusage an mich! Das ist mein Herr!

Ohne wissen zu können, wie du zu Gott stehst, bete ich darum, dass wir uns spätestens bei ihm begegnen werden.

*

Ich weiß nicht, ob Ingo »gottgläubig« war, wie man so schön sagt. Von ihm habe ich damals diesen schönen Text eines unbekannten Autors bekommen:

Gibt es ein Leben nach der Geburt?

Ein ungeborenes Zwillingspärchen unterhält sich im Bauch seiner Mutter.
»Sag mal, glaubst du eigentlich an ein Leben nach der Geburt?«, fragt der eine Zwilling.
»Ja, auf jeden Fall! Hier drinnen wachsen wir und werden stark für das, was draußen kommen wird«, antwortet der andere Zwilling.
»Ich glaube, das ist Blödsinn!«, sagt der erste. »Es kann kein Leben nach der Geburt geben – wie sollte das denn bitte schön aussehen?«
»So ganz genau weiß ich das auch nicht. Aber es wird sicher viel heller als hier sein. Und vielleicht werden wir herumlaufen und mit dem Mund essen?«
»So einen Unsinn habe ich ja noch nie gehört! Mit dem Mund essen, was für eine verrückte

Idee. Es gibt doch die Nabelschnur, die uns er-
nährt. Und wie willst du herumlaufen? Dafür
ist die Nabelschnur viel zu kurz.«

»Doch, es geht ganz bestimmt. Es wird eben alles
nur ein bisschen anders.«

»Du spinnst! Es ist noch nie einer zurückgekom-
men von ›nach der Geburt‹. Mit der Geburt ist
das Leben zu Ende. Punktum.«

»Ich gebe ja zu, dass keiner weiß, wie das Leben
nach der Geburt aussehen wird. Aber ich weiß,
dass wir dann unsere Mutter sehen werden, und
sie wird für uns sorgen.«

»Mutter??? Du glaubst doch wohl nicht an eine
Mutter? Wo ist sie denn bitte?«

»Na hier – überall um uns herum. Wir sind und
leben in ihr und durch sie. Ohne sie könnten wir
gar nicht sein!«

»Quatsch! Von einer Mutter habe ich noch nie
etwas bemerkt, also gibt es sie auch nicht.«

»Doch, manchmal, wenn wir ganz still sind,
kannst du sie singen hören. Oder spüren, wenn
sie unsere Welt streichelt …«

Ich weiß, dass Ingo die Idee des Christentums aktiv lebte, ohne dies zu publizieren oder zu missionieren. Er lebte seine Überzeugung und war darin
glaubwürdig. Ich will auch so leben! Christentum heißt für mich, meine Erfahrungen anderen
Menschen nutzbar zu machen. Ohne Profit- und

Ehrbarkeitsanspruch.

Alles, was ich besitze, ist mir geschenkt worden. Und sei es »nur« die Kraft und Gesundheit, um zu arbeiten. Es steht mir nicht zu, über Fehler anderer zu urteilen. Meine Fehlerliste war sehr lang, als ich sie abgab.

Ich habe nicht wenige Menschen in Kliniken kennen gelernt, die an falsch verstandenem Christentum erkrankt sind. Tiefe Depressionen, Medikamentensucht und das Empfinden von »Unwertsein«, sind nur einige Symptome, die die Aussagen »Wenn du psychische Probleme hast, ist das eine Auswirkung deiner Sündhaftigkeit!« oder »Es wird schon seinen Grund haben, warum es dir so geht!« hervorrufen können.

Diese Haltung und missbrauchte Bibelzitate, willkürlich kombiniert, können Menschen in solche Verzweiflung treiben, dass sie den Suizid wählen! Das ist nicht Gott! Das sind selbst ernannte Stellvertreter Gottes. Welch eine grandiose Selbstüberschätzung! Mit solchem Bodenpersonal will ich allenfalls zu tun haben, um es zu widerlegen!

Ich habe schmerzhaft lernen müssen, mich vor *den* Gläubigen zu schützen, die mit dem zweischneidigen Schwert (der Bibel) unterwegs sind, um Sündhaftigkeit aufzudecken und Moral in die Welt zu bringen. Sie ignorieren in aller Regel die zweite Schneide des Schwertes, die sich auf sie selbst richtet, während sie ihr Gegenüber bearbeiten.

Gott hat Wege für mich gefunden, um von sogenannten »Ungläubigen« unterrichtet und gelehrt zu werden. Ohne ihre fachliche, sachliche und pragmatische Hilfe würde ich heute nicht mehr leben.

Diese kostbaren »Ungläubigen« lehrten mich Christentum, indem sie mich nicht mit ihrer Konfession behelligten oder mich zu »bekehren« suchten, sondern praktische Anleitung anboten, anstatt mich auf Gebet und »Beichte« als Allheilmittel hinzuweisen.

Ich spreche hier von Psychiatern, Psychologen, Therapeuten und Pflegepersonal. Die »Gläubigen« unter diesen Fachleuten verfügten natürlich über ein zusätzliches Potenzial, das sie weder verheimlichten noch publizierten, sondern ihren Patienten selbstverständlich und unterstützend zukommen ließen.

Dort, wo geholfen wird, wenn Hilfe nötig ist, ist Weihnachten.

Gott hat keine Konfession, das ist meine Meinung.

*

Mein *Jetzt und Hier* ist Bamberg, Februar 2018. In diesem Augenblick habe ich den Eindruck, dass mein Experiment zu einem Ende findet.

Inzwischen ist es zehn Monate her, seit mein Plan, nach Syrien zu gehen, korrigiert wurde. Ich habe schon erzählt, dass ich meine Partnerin vor einigen Jahren während eines Klinikaufenthaltes kennen lernte. Wir führten seither eine Fernbeziehung.

Sie war es, die mir ein »Willkommen!« aussprach und mich in Bamberg aufnahm, als ich Zeit und Raum für eine Neuorientierung brauchte. Wir haben uns dann entschieden, ein Stück Lebensweg gemeinsam zu gestalten. Wir freuen uns darüber, auch wenn es für uns beide eine Herausforderung darstellt.

Ob meine Reise damit eine Unterbrechung erfahren oder zu einem Ende gefunden hat, ist offen. Aber das ist eine ganz andere Geschichte …

Meine Partnerin verfügt über einen eigenen großen Erfahrungs-Schatz, der seine Spuren zurückgelassen hat. Das Leben hat auch ihr eine reichhaltige Teilhabe zugedacht. Auch sie muss die Auswirkungen von Machtmissbrauch, Rücksichtslosigkeit, Habgier und Willkür nicht im Wörterbuch nachschlagen.

Für mich ist es sehr wohltuend, in uns beiden den Wunsch nach einem friedlichen Miteinander zu finden, dessen Erfüllung nicht mit Unfreiheit erkauft werden muss.

Ich bin sehr froh, dass in unserem *Gemeinsam* ausreichend *Alleinsein* zu finden ist, ohne dass

Einsamkeit entsteht. Für mich ist das etwas sehr Besonderes.

Mein Experiment, dir diesen Brief zu schreiben, hat viel Staub in meiner Erfahrungs-Schatzkammer aufgewühlt und mich sehr in Anspruch genommen. Ich hatte große Zweifel, ob ein solches Vorhaben in einem *Gemeinsam* für mich möglich wäre, doch es ging.

Auch wenn jetzt eine Ruhezeit nötig ist, damit der Staub sich wieder legen kann, bemerke ich schon eine Veränderung. Um dir von mir erzählen zu können, habe ich vieles aus meiner Schatzkammer »in die Hand« nehmen müssen, um es dir zu zeigen.

Damit habe ich gewissermaßen Inventur gemacht. Ich habe abgestaubt, angeschaut und neu geordnet. Indem ich dich an dieser Inventur erzählend teilhaben ließ, wurdest du, so scheint es mir, selbst zu einer Erfahrung und hast einen Platz in dieser Kammer gefunden.

Wenn sich dieser Eindruck bestätigt, ist mein Experiment gelungen und eine Weiche gestellt, die auf einen neuen Streckenabschnitt führt.

Dankbarkeit

An dieser Stelle, die vielleicht ein vorläufiges Resümee darstellt, möchte ich meiner aufrichtigen und herzlichen Dankbarkeit Raum geben.

Meine Dankbarkeit gilt zuallererst meinem Sohn. Denn er ist er es, der unwissentlich entscheidende Prozesse in meinem Leben angestoßen hat und mir somit zum Segen wurde.

Meine Dankbarkeit richtet sich nicht weniger an alle Menschen, die mir halfen, mich meinem »Lebens-Eintopf« aus verschiedenen Blickwinkeln anzunähern. Dazu gehören sowohl die professionellen »Sachverständigen«, wie Psychiater, Psychologen und Therapeuten, als auch diejenigen, die durch ihr reflektiertes Leben zu »Experten« in eigener Sache geworden sind. Zum Beispiel Freunde, Bekannte und insbesondere Mitpatienten.

Mein erster Schritt in die Veränderung war, mir zunächst bewusst zu werden, dass es meinen Lebens-Eintopf überhaupt gibt. Danke dafür an Dr. Ingo Gerstenberg!

Dann lernte ich von mutigen Menschen, dass

es sehr hilfreich ist, den eigenen Eintopf für andere sichtbar zu machen, weil darin das Geschenk der »Teilhabe« enthalten ist, das neue Blickwinkel eröffnet. Danke an alle Mitpatienten, die mir dafür zum Beispiel wurden!

Über dieses Geschenk wurde mir das große Spektrum bewusst, welches die Zutaten dieser Lebens-Eintöpfe umfassen. Von »köstlich« bis »lebensbedrohlich« kann alles darin enthalten sein. Diejenigen, die von ihrem Eintopf nur geschmacklich enttäuscht, weil »verwöhnt« waren, wurden ebenso sichtbar wie solche Menschen, die wirklich der »Nahrung« entbehrten.

Da es so viele verschiedene Eintöpfe wie Menschen gibt, bin ich froh um all diejenigen, die zunächst »nur« gemeinsam mit mir in den Topf geblickt haben, ohne den Versuch zu machen, darin zu rühren. Manche Eintöpfe erlauben schon in der »Draufsicht« einen Eindruck von ihren Zutaten, andere verbergen ihn unter der Oberfläche.

Einen tiefen Dank an dieser Stelle an alle Psychologen und Therapeuten, die aus Achtung und Respekt nicht selbstständig zu rühren begannen, sondern mir den Kochlöffel in die Hand gaben und mir dessen Funktion erklärten. Die »Professionellen« unter ihnen forderten mich nie auf, ihn zu gebrauchen, sondern fingen mich auf, wenn ich den Gebrauch wagte und »Einlagen« sichtbar wurden, die mich entsetzt zurückweichen und straucheln ließen!

Danke an alle Menschen, die mir zur Seite standen, wenn »giftige« Zutaten durch mein eigenes »Rühren« an die Oberfläche kamen, und mich in solchen Zeiten nicht im Stich ließen, obwohl sie unter den Auswirkungen zu leiden hatten! Dazu gehören ganz besonders die Partnerinnen meines Lebens. Es ist wohl ausschließlich Liebe, die das leisten kann …?

Ein besonderer Dank gilt an dieser Stelle meinem besten Freund, der nie den Versuch gemacht hat, in meinem Topf zu rühren, sondern ansprechbar blieb, wenn mich mein eigenes »Rühren« in heftige Krisen brachte.

Herzlichen Dank an alle Therapeuten, die mir mittels ihrer gewählten Disziplin (Kunst, Musik, Ergo, Sport, Theater, Gespräch etc.) verstehbar machten, dass es zwar ehemalige Zutaten in meinem Eintopf gibt, die unveränderbar sind, dass jedoch alle zukünftigen Zutaten in meiner Entscheidung liegen.

Ganz entscheidend für meine nachträgliche Entwicklung waren die Menschen, die mir halfen, die beteiligten Köche an meinem Eintopf auszumachen und zu benennen. Sie halfen mir, die »Haltung« dieser Köche zu sortieren und zu verstehen. Ein Spektrum von Unachtsam- und Gedankenlosigkeit bis hin zu Egoismus und Vorsatz wurde damit für mich sichtbar. Damit eröffneten sie mir die Möglichkeit der Veränderung meines Selbstverständnisses von *ausgeliefert* in *selbstbestimmt!* Danke an alle Psychologen, die mir dabei halfen! Heute kann niemand mehr im Vorbeigehen etwas in meinen Topf werfen, ohne dass ich es bemerke.

Danke an das gesamte Personal der psychiatrischen Abteilung ›Haus 5‹ des Klinikums Lüdenscheid, die mich über mehr als ein Jahrzehnt immer wieder zur »Krisen-Intervention« willkommen hießen, wenn das Leben selbst »rührte« und unverträgliche Zutaten meines Eintopfes an die Oberfläche beförderte! Sie halfen mir zu »verdauen« und »auszuscheiden«, damit ein weiteres »entlastetes« Stück Leben möglich wurde.

Gar nicht zuletzt:
einen aufrichtig staunenden Dank
an die liebe Seele,
der trotz eigener »üppiger« Teilhabe am Leben
ein »Ich liebe Dich …« möglich ist
und die es mir *jetzt und hier* zum Geschenk macht,
ein Stück Lebensweg
mit mir zu teilen!